北京市康达律师事务所
BEIJING KANGDA LAW FIRM

康达文库　　　丛书主编
律师解读司法观点丛书　唐新波

证券纠纷裁判精要

主　编
唐新波

副主编
王　敏　熊梦颖　赵玉来

知识产权出版社
全国百佳图书出版单位
—北　京—

图书在版编目（CIP）数据

证券纠纷裁判精要/唐新波主编．—北京：知识产权出版社，2021.5
（律师解读司法观点丛书）
ISBN 978-7-5130-7501-5

Ⅰ．①证⋯　　Ⅱ．①唐⋯　　Ⅲ．①证券交易—经济纠纷—案例—中国　　Ⅳ．①D922.287.5

中国版本图书馆 CIP 数据核字（2021）第 071435 号

责任编辑：庞从容　　　　　　　　　　责任校对：谷　洋
执行编辑：包洛凡　　　　　　　　　　责任印制：刘译文

证券纠纷裁判精要

唐新波　主编

出版发行：知识产权出版社 有限责任公司	网　　址：http://www.ipph.cn
社　　址：北京市海淀区气象路 50 号院	邮　　编：100081
责编电话：010-82000860 转 8377	责编邮箱：pangcongrong@163.com
发行电话：010-82000860 转 8101/8102	发行传真：010-82000893/82005070/82000270
印　　刷：三河市国英印务有限公司	经　　销：各大网上书店、新华书店及相关专业书店
开　　本：710mm×1000mm 1/16	印　　张：12.5
版　　次：2021 年 5 月第 1 版	印　　次：2021 年 5 月第 1 次印刷
字　　数：220 千字	定　　价：88.00 元
ISBN 978-7-5130-7501-5	

序

　　由康达律师事务所律师们编写的"律师解读司法观点丛书"陆续出版了，这是有着三十多年历史的大所立足丰富的办案经验，对经典案例和典型司法观点的系统总结，是律师界的一件大事，可喜可贺！

　　随着裁判文书的公开，人们可以查询详尽的案件信息，也为我们深入研究法官如何裁判提供了便利。在对已经公开的裁判文书进行研究的过程中，人们也发现了一些问题，同案不同判的情况不仅在不同法院存在，甚至个别地方同一法院也存在这一现象，引人关注，值得深思。

　　应当说，如何认定案件事实以及如何进行法律适用与法官的认识密不可分，法官的认识反映到判决里，就形成了司法观点。近代以来，我国深受成文法法律传统影响，案例不得作为法律渊源直接引用，但是同案不同判的问题，亟待解决，就此而言，解读司法观点就是一个很好的探索。最高人民法院经常会发布指导性案例，审判实践中法官也会判后释法，康达所的律师们通过对最高人民法院和地方各级人民法院具有典范意义案例所进行的分析，提炼出典型司法观点，并进行解读，具有积极意义。这项工作一可以梳理和总结律师的执业经验，二可以向群众普法，三可以给法律职业共同体提供借鉴。律师们工作紧张繁忙，能够抽出时间编写本丛书，实在是难能可贵。

　　2020 年新冠肺炎疫情期间，康达律师在深入研究的基础上，分工合作，按照最高人民法院的案由，选取经典案例，精练总结司法观点，开启了本丛书的编写。作为有历史、有底蕴的大所，康达所不仅承办过不少有重大影响的案件，还关注有关实务和理论问题，值得嘉许！

　　《中华人民共和国民法典》已经于 2020 年 5 月 28 日由十三届全国人大三次会议表决通过，并于 2021 年 1 月 1 日施行，希望康达律师结合学习和研究《民法典》的心得体会，把学习和研究成果融入到丛书的编写中。

　　期待康达律师更多更好的作品，祝愿康达律师事务所越办越好。

　　是为序。

中国人民大学法学院

2021 年 3 月于中国人民大学明德法学楼

主要法律文件"全称—简称"对照表

全　称	简　称
《中华人民共和国民法总则》	《民法总则》
《中华人民共和国民法通则》	《民法通则》
《中华人民共和国合同法》	《合同法》
《中华人民共和国公司法》	《公司法》
《中华人民共和国侵权责任法》	《侵权责任法》
《中华人民共和国民事诉讼法》	《民事诉讼法》
《中华人民共和国物权法》	《物权法》
《中华人民共和国证券法》	《证券法》
《中华人民共和国证券投资基金法》	《证券投资基金法》
《最高人民法院关于适用〈中华人民共和国公司法〉若干问题的规定（二）》	《公司法司法解释（二）》
《全国法院民商事审判工作会议纪要》	《九民纪要》
《最高人民法院关于适用〈中华人民共和国担保法〉若干问题的解释》	《担保法解释》
《最高人民法院关于修改〈民事案件案由规定〉的决定》	《民事案件案由规定》
《中华人民共和国招标投标法》	《招标投标法》
《关于规范金融机构资产管理业务的指导意见》	《资管新规》
《最高人民法院关于适用〈中华人民共和国合同法〉若干问题的规定（二）》	《合同法司法解释（二）》

目录

第一章　证券权利确认纠纷

一、证券权利确认纠纷概述

证券权利确认纠纷是最高人民法院民事案件案由规定中的三级案由，本案由项下设有"股票权利确认纠纷""公司债券权利确认纠纷""国债权利确认纠纷""证券投资基金权利确认纠纷"四种第四级案由。为准确把握这类纠纷的争议焦点及审判实践规则，首先需要对证券和证券权利的概念及法律性质进行分析。

依据我国《证券法》[1] 第二条有关法律适用范围的规定，证券应包括股票、债券、证券投资基金份额、存托凭证、资产支持证券、资产管理产品和其他国务院依法认定的品种。不过，迄今为止，国务院尚未明确认定其他种类的证券。有学者认为，在我国的法律体系下不存在证券到底是权利、利益还是有体资产的争议，证券就是指有价证券，它是各类记载并代表一定权利的法律凭证[2]。《企业债券管理条例》第五条，本条例所称企业债券，是指企业依照法定程序发行、约定在一定期限内还本付息的有价证券。《公司法》第一百二十五条，股票是公司签发的证明股东所持股份的凭证。既然是凭证，那么证券就不是权利本身，从本质上来讲，证券是将权利有体化的结果。

证券权利有广义和狭义之分。广义的证券权利是证券法律关系主体依法对证券或者以证券为原因所享有的民事权利的总称，狭义的证券权利是指证券持

---

[1] 《中华人民共和国证券法》已由中华人民共和国第十三届全国人民代表大会常务委员会第十五次会议于 2019 年 12 月 28 日修订通过，自 2020 年 3 月 1 日起施行。本书中选取的案例所引用的《证券法》均为当时所适用的《证券法》。特此说明。

[2] 中国证券业协会编：《证券市场基础知识》，中国财政经济出版社 2012 年版。

有人依法对证券或者以证券为原因所享有的民事权利。[3] 有学者认为，证券权利是一种复合性权利，不是单纯的物权、债权或股权。证券权利不同于物权，就证券持有人对证券的支配而言，与普通物权的支配性无甚差别。但物权是一种对世权和绝对权，其义务主体是不特定的。证券权利如果就持有人和非持有人而言，是绝对权和对世权。但证券权利的本质却是一种相对权，反映了证券发行人和证券持有人之间的相对性法律关系。证券权利分为两个层面，一是证券持有人对证券的直接支配权或所有权，此为形式意义上的权利；二是证券持有人对证券发行人的权利，此为实质意义上的权利。证券权利是关联性权利，构成关联性因素的纽带是：实物资本—证券发行人—证券持有者—相关证券持有人。[4]

司法实践中，证券权利确认纠纷，通常是由证券持有人对证券的所有权归属发生争议引起的纠纷。股票权利确认纠纷，是指股东与股东之间或者股东与公司之间就股权是否存在以及持有比例多少发生争议而引起的纠纷。股票权利确认纠纷主要有三种类型：（1）股东与股东之间因隐名出资产生的股权确认纠纷；（2）股东与股东之间因股权转让产生的股权确认纠纷；（3）股东与公司之间的股权确认纠纷。

二、非正常账户所有权需提供多方面材料证明

证人证言与案件当事人之间有利害关系时，证言的证明力较弱。因此主张非正常账户所有权的，还需要提供开户资料、交易记录、资金流水等多方面证明材料。

（一）典型案例

☞ 陶维根诉中国建设投资证券有限责任公司仪征证券服务部证券权利确认纠纷[5]

【关键词】证券账户　股东代码卡　非正常经纪类账户

｜基本案情｜ 上诉人（一审原告）：陶维根；被上诉人（一审被告）：中国

---

〔3〕张宇润：《中国证券法：原理·制度·机制》，中国经济出版社2002年版。
〔4〕参见张宇润：《试论证券权利的性质及其规制路径》，载《江淮论坛》2011年第1期。
〔5〕广东省高级人民法院（2013）粤高法民二终字第108号。

中投证券有限责任公司仪征大庆北路证券营业部（原中国建银投资证券有限责任公司仪征证券服务部），负责人：张丰；一审第三人：南方证券股份有限公司，代表人：南方证券股份有限公司破产清算组。

1995年1月5日，"伍长红"账户在仪征农业银行信托投资公司证券部营业部开户。1997年，该信托投资公司证券部转入南方证券仪征服务部。2005年11月，南方证券仪征服务部整体移交中投证券托管，"伍长红"账户移交给中投证券证券服务部托管。经公安机关查询，无"伍长红"身份信息。

2008年8月8日，经陶维根申请并经中投证券仪征营业部审查批准，中投证券仪征营业部将"伍长红"账户内资金18××91.35元转入陶维根账户。陶维根向中投证券仪征营业部申请账户权属规范确认时提供的相关资料有公安机关对"伍长红"身份的户籍证明、承诺书、中国农业银行仪征市支行于2008年7月29日出具的《证明》及时明的书面证言等材料。

2008年8月14日，中投证券仪征营业部称经群众举报，审查认为"伍长红"账户存疑，故又将陶维根账户内的资金18××91.35元划回"伍长红"账户。2008年12月9日，中国农业银行仪征市支行向中投证券仪征营业部出具一份《声明》，内容为"在账户清理过程中，经认真核实，我行没有证据确认伍长红证券账户系陶维根开立使用，特声明《证明》无效"。

经中投证券仪征营业部核查，根据流水账及相关凭证记载，"伍长红"账户开户后无初始资金投入，1995年1月5日至1996年11月3日，证券交易均采用透支交易，存取款记录中无陶维根相应行为的记载。1996年11月3日，"伍长红"账户发生一笔现金存款9万元，存款单备注为"仕明江"个人存入，陶维根称该9万元由其提供给当时营业部经理时明存入，但未提供相应的取款或者存款凭证。自1996年11月6日至2000年10月1日，"伍长红"账户存在红冲蓝补、纠错、支付国债利息等记载，存取款记录显示的存款人有"仕明江""田圣丰"等多人，但无涉及陶维根的任何记载。截至2008年8月8日，"伍长红"账户资金余额为1 853 643.95元。

2004年1月2日，南方证券被进行破产清算，"伍长红"账户被定性为非正常经纪类账户。

陶维根因此提起诉讼，请求确认"伍长红"账户资产权属归陶维根所有，判令中投证券仪征营业部承担本案的全部费用。

一审第三人南方证券作为有独立请求权的第三人起诉称："伍长红"账户为原南方证券的前身"仪征农行信托投资公司证券营业部"开设的用于处理操作

失误的账户。自 1995 年 1 月 5 日无资金开户后，存在多笔透支交易，未支付任何利息。从"伍长红"账户的资金存取及交易流水来看，该账户由营业部控制，用于自营。2004 年 1 月 2 日南方证券被行政接管后，囿于当时的证据材料，"伍长红"账户被作为正常经纪客户账户移交给中投证券扬州营业部，并申请了再贷款 406665.38 元用于弥补保证金缺口。2008 年 8 月，陶维根向中投证券仪征证券服务部主张"伍长红"账户内资产归其所有，中投证券在事实不清的情况下，仅凭中国农业银行仪征市支行的一纸证明，就于 2008 年 8 月 8 日将账户内资产全部划转给陶维根所有。其后，由于中国农业银行仪征市支行撤回了证明，中投证券于 2008 年 8 月 11 日又将资产从陶维根的账户划回到"伍长红"账户。陶维根认为中投证券划转有误，通过诉讼主张索要，经过二审后，扬州市中级人民法院以"事实不清、证据不足"为由发回仪征市人民法院重审。之后，因第三人向仪征市人民法院申请以有独立请求权第三人身份参与诉讼而第三人已经破产，按照"特别法优于普通法"的原则，仪征市人民法院将案件移送到破产申请受理法院审理。南方证券破产清算组经对"伍长红"账户进行反复核查，认为该账户确属原南方证券营业部使用的自营纠错账户；陶维根未有资金流入"伍长红"账户，其对"伍长红"账户的权利主张应为冒领。根据国家政策法规的规定，"伍长红"账户作为非正常经纪客户账户应当下线，由中投证券仪征证券服务部返还给南方证券破产清算组，并退还国家再贷款。虽经南方证券多次主张，中投证券未予办理移交账户资产。南方证券认为，"伍长红"账户内资产属于南方证券，其中尚有国家再贷款资金，中投证券和陶维根理应归还。为了维护国家再贷款机构和南方证券债权人的财产权，请求：（1）判令"伍长红"账户的资产属于南方证券所有；（2）判决陶维根与中投证券仪征营业部赔偿南方证券经济损失 277986.86 元。南方证券于 2013 年 6 月 18 日撤回第二项诉讼请求。

│裁判结果│ 一审判决：（1）驳回原告陶维根的诉讼请求；（2）驳回第三人南方证券股份有限公司的诉讼请求。

陶维根不服一审结果，提起上诉。二审判决驳回上诉请求，维持原判。

│裁判理由│ 一审法院经审理认为，本案争议焦点是"伍长红"账户内资产应当归谁所有。经南方证券行政清算组甄别并经证券监管部门确认，本案诉争的"伍长红"账户为非正常经纪类账户。因此，判断"伍长红"账户内资产的归属应当根据开户资料、账户资金来源、账户证券交易情况及资金进出情况、账户控制情况等进行综合分析。

　　首先，从开户资料来看，本案各方当事人均未提供"伍长红"账户的原始开户资料。而仪征市公安局出具的户籍证明证实开户人"伍长红"并无真实身份信息，故可以认定"伍长红"不是真实的开户人，该账户不属于实名账户。陶维根主张其以"伍长红"名义开立"伍长红"账户，并提供了中国农业银行仪征支行出具的《证明》及证人时明的证言。但中国农业银行仪征市支行已于2008年12月9日出具《声明》，撤销了《证明》中关于证明陶维根为"伍长红"账户实际开户人的内容，故陶维根提供的中国农业银行仪征市支行出具的《证明》不具有证据证明力，该院不予采信。证人时明虽然证明陶维根是实际开户人、投入9万元资金并且实际使用"伍长红"账户，但其证言所陈述的事实均无其他证据佐证，属于证明力较低的证据。南方证券主张"伍长红"账户为其自营账户，但未提供直接证据证明南方证券是实际开户人，故该院亦不予认定南方证券为"伍长红"账户的实际开户人。

　　其次，从账户资金来源看，自"伍长红"账户开立以后（即1995年1月5日）至1996年11月3日期间，"伍长红"账户中的证券交易行为均为透支交易，无原始资金投入。而陶维根诉称投入的唯一一笔资金为1996年11月3日存入的9万元，根据陶维根的陈述以及证人时明的证言，该笔资金由陶维根将其自有现金交付时明，再由时明存入。但是，上述关于存款过程的陈述无相应的证据证明，陶维根既未提供当时取款凭证证明确有真实取款来源，也未提供证据证明将款项交付时明，根据证券营业部留存的原始存款凭证，该笔9万元资金是以"仕明江"名义存入"伍长红"账户，与陶维根及证人时明的陈述不符，故本院对陶维根与证人时明关于资金投入的陈述不予采信。在各方当事人提供的证据中均未显示"伍长红"账户资金进出与陶维根有关联性。同时，南方证券提供的资金流水单显示，自1996年11月6日至2000年10月1日期间，"伍长红"账户存在红冲蓝补、纠错、支付国债利息等记载，且存取款记录显示相关人员多为营业部工作人员，符合自营账户的特征，而陶维根对此不能作出合理解释，故该院对陶维根关于其投入资金的主张不予采信。南方证券关于资金流水、证券交易记录等相关证据虽然对其关于"伍长红"账户为自营账户的主张有一定证明力，但尚不具有高度盖然性，没有形成完整的证据链，不能直接证明账户资金为南方证券投入。

　　最后，从账户证券交易情况及资金进出情况、账户控制情况看，陶维根仅有证人时明证明其在某一期间控制诉争账户并实施了证券交易行为，但没有提供原始交易凭证、交易记录或者其他足以证明其主张的证据予以佐证；而南方证券虽提供了资金流水及交易记录显示营业部工作人员存在利用账户进行纠错等行为，但不能完全证明全部交易行为和资金进出行为均为营业部工作人员所为。因此，陶维根和南方证券均无充分证据证明其自账户开立以后完全、持续地控制"伍长红"账户并独立地利用账户进行证券交易、资金进出或者其他行为。

综上所述，陶维根主张"伍长红"账户内资产归其所有，但其仅有证人时明的证言证明而无其他证据佐证，无原始开户资料、账户交易记录、资金流水记载显示与南方证券无关联性，且证人时明的证言与账户交易记录、资金流水记载显示的情况不一致，陶维根对此不能作出合理解释，故该院对证人证言的真实性不予确认，证人证言不足以证明陶维根主张，该院对陶维根的诉讼请求不予支持。南方证券主张"伍长红"账户为其自营账户，但经行政清算组甄别确认该账户为非正常经纪类账户，未认定为自营账户，现有证据亦不足以证明账户内资金来源于该证券营业部，不能排除案外人为"伍长红"账户实际权利人的可能性，故南方证券的诉讼请求该院亦不予支持。

二审认为：本案为证券权利确认纠纷。二审审理范围应围绕当事人的上诉请求进行，南方证券对原审判决未提起上诉部分，法院予以维持。根据陶维根提出的上诉理由及中投证券仪征营业部的答辩意见，本案二审争议焦点为"伍长红"账户内资产是否为陶维根所有。仪征市公安局出具的户籍证明证实"伍长红"没有对应的真实身份信息，故可认定"伍长红"账户不是实名账户。陶维根主张"伍长红"账户内资产为其所有，对此应提供充分有效证据予以证明。陶维根未提供"伍长红"账户的原始开户资料。为证明该账户是其以"伍长红"名义开立，其提供了中国农业银行仪征市支行出具的《证明》和证人时明的证言。中国农业银行仪征市支行于 2008 年 12 月 9 日出具《声明》，撤销了《证明》中关于证明陶维根为"伍长红"账户实际开户人的内容。证人时明曾借用账户，故其与陶维根之间有利害关系，其证言的证明力较弱。陶维根在二审时提供的经过公证的证人成明宏、毛建勋、孙大明的证言，因成明宏、毛建勋、孙大明等证人未出庭接受质询，且成明宏、毛建勋、孙大明是和陶维根多年一起炒股的股民，其证言的证据效力较低，不能单独作为认定案件事实的依据。故以上证人证言尚不足以认定陶维根是"伍长红"账户的实际开户人。虽然陶维根知道"伍长红"账户的密码，但并不能推定"伍长红"账户内资产为陶维根所有。综上，陶维根既不能充分举证证明"伍长红"账户由其开立，亦不能充分举证证明"伍长红"账户内资金由其提供，应由其承担举证不能的法律后果。一审法院驳回陶维根要求确认"伍长红"账户内资产归其所有的诉讼请求并无不当。上诉人陶维根关于一审认定事实错误，适用民事诉讼证据规则不当，其提供的证据足以证明"伍长红"账户内资产为其所有的主张没有事实和法律依据，二审法院不予支持。

（二）裁判旨要

法院认为，本案争议焦点是"伍长红"账户内资产应当归谁所有。判断"伍长红"账户内资产的归属应当根据开户资料、账户资金来源、账户证券交易情况及资金进出情况、账户控制情况等进行综合分析。因"伍长红"账户使用了虚假的身份证及姓名，自然无法提供与原告本人一致的开户证明，此点无须多议。

关于账户资金来源，"伍长红"账户中的证券交易行为均为透支交易，无原始资金投入。而原告诉称投入的唯一一笔资金为1996年11月3日存入的9万元，由原告将其自有现金交付他人存入账户。但是，关于存款过程的陈述无相应的证据证明，原告既未提供当时取款凭证证明确有真实取款来源，也未提供证据证明将款项交付时明，故也无法证明资金进出与原告有关联性。

最后，从账户证券交易情况及资金进出情况、账户控制情况看，原告仅有证人证明其在某一期间控制诉争账户并实施了证券交易行为，但没有提供原始交易凭证、交易记录或者其他足以证明其主张的证据予以佐证；而南方证券虽提供了资金流水及交易记录显示营业部工作人员存在利用账户进行纠错等行为，但不能完全证明全部交易行为和资金进出行为均为营业部工作人员所为。因此，原告和第三人均无充分证据证明其自账户开立以后完全、持续地控制"伍长红"账户并独立地利用账户进行证券交易、资金进出或者其他行为。

（三）律师评析

以"证券权利确认纠纷"为关键字，通过中国裁判文书网及北大法宝司法案例进行检索，由高级人民法院审理作出的股票权利确认纠纷文书共两篇，本文是其中一篇，与另一篇相比，更具有参考价值。

本案是由伪造身份证件使用假名开立股票账户而引起的股票权利确认纠纷。有以下问题需要注意：

第一，根据中国人民银行2007年2号令的规定，证券业金融机构在办理开户业务时需开展客户身份识别。像本案以假身份证、假姓名开立证券账户将不复存在。但近年来在中国证监会查处的内幕交易、市场操纵、非法经营证券业务等重大违法案件中，不法分子通常通过借用他人账户来掩盖自身违法行为，规避监管，逃避制裁的案例仍较多。同时，一些投资者守法合规意识淡薄，将自己的账户出借给他人使用，为违法违规行为提供便利。这些行为都违反了证券账户实名制管理规定，严重扰乱了证券市场秩序，大大增加了案件查处的难度。如：2018 年高勇使用其实际控制的账户组，在 2015 年 1 月 12 日至 7 月 22 日，集中资金优势，以连续交易、大额封涨停的方式，操纵"精华制药"（002349.SZ）股价非法获利 8.97 亿元。证监会对其作出没收违法所得 8.97 亿元，并处以罚款 8.97 亿元，对其采取终身证券市场禁入措施的处罚。

第二，为进一步加强证券账户实名制管理，打击证券违法案件中账户非实名使用行为，增强投资者在账户实名使用方面的守法合规意识，根据《证券登记结算管理办法》《中国证券登记结算有限责任公司证券账户管理规则》有关规定，中国证券登记结算有限公司于 2018 年 6 月 15 日发布了《关于对证券违法案件中违反账户实名制行为加强自律管理的通知》（以下简称《通知》）。《通知》不仅加大了对违规使用他人账户的自律管理力度，更首次提出，对于账户出借人也将采取限制新开户的自律管理措施。进一步压实证券公司对投资者账户实名使用的管理责任，更让投资者明白，出借自己的账户也是违规行为，会给自己今后的账户使用带来不利影响。

（四）相关法条及司法解释

《中华人民共和国民事诉讼法》

第六十四条　当事人对自己提出的主张，有责任提供证据。

当事人及其诉讼代理人因客观原因不能自行收集的证据，或者人民法院认为审理案件需要的证据，人民法院应当调查收集。

人民法院应当按照法定程序，全面地、客观地审查核实证据。

三、股票权利确认之诉不适用诉讼时效的规定

股票权利确认纠纷诉请对应的实体法上的权利是形成权，而不是请求权，因此不适用诉讼时效的规定。

（一）典型案例

☞ 深圳市意汇通投资发展有限公司诉方正延中传媒
有限公司股票权利确认纠纷[6]

【关键词】 协议效力　诉讼时效

｜基本案情｜ 上诉人（一审被告）：方正延中传媒有限公司，法定代表人：陈燕波；被上诉人（一审原告）：深圳市意汇通投资发展有限公司，法定代表人：李鸿炳；原审第三人：深圳大通实业股份有限公司，法定代表人：郝亮。

2003 年，方正延中传媒有限公司（以下简称方正公司）作为出让方，深圳市意汇通投资发展有限公司（以下简称意汇通公司）作为受让方，签订了《股份转让意向书》，明确：出让方直接持有深圳大通实业股份有限公司（以下简称深大通公司）股份 2700 万股（证券代码：000038），占深大通公司股份比例为29.84%。2003 年 6 月 25 日，意汇通公司与方正公司就《股份转让意向书》的相关问题和操作细节召开会议并签订了《备忘录》，约定：出让方和受让方将在7 月 6 日之前确定关于转让深大通公司的正式股份转让协议、代持股协议、相关承诺书等。之后，意汇通公司与方正公司签订了《股份转让协议》，约定方正公司将其所持有的深大通公司 2700 万股发起人法人股权（占股本总数的 29.98%）以每股 3.95 元的价格转让给意汇通公司，转让总价款为 10665 万元，在协议签订并取得双方董事会及/或股东大会批准通过后 5 日内意汇通公司向方正公司支付股权转让款。2003 年 7 月 25 日，意汇通公司与方正公司签订《代持股协议》，约定意汇通公司委托方正公司持有深大通公司 2700 万股股份，占深大通公司总股本的 29.84%；意汇通公司是该股份的合法和实际拥有者，并享有该股份的收益权、处分权、表决权、对公司的管理和监督权。2004 年 7 月，方正公司、意汇通公司、方正产业公司、深大通公司、文慧公司、港银投资、河南方正公司签订《补充协议》，各方确认：方正公司与意汇通公司就方正公司持有控制的深大通公司 54712690 股股份签订了若干协议，意汇通公司已向方正公司支付了2.3 亿元，尚余尾款 2000 万元未支付。

意汇通公司向一审法院起诉请求：（1）方正公司将其代意汇通公司持有的

----

[6]　广东省高级人民法院（2018）粤民终 2011 号。

7762150 股深大通公司股票过户登记至意汇通公司名下；（2）案件诉讼费由方正公司负担。一审庭审时，意汇通公司变更诉讼请求为：（1）确认方正公司代意汇通公司持有的 12419440 股深大通公司股票为意汇通公司所有，方正公司应将上述股票变更登记至意汇通公司名下。（2）确认方正公司获得的现金分红 776215 元归意汇通公司所有，方正公司应将该款项支付给意汇通公司。（3）本案诉讼费用由方正公司负担。

｜裁判结果｜一审判决：（1）登记在方正公司名下的深大通公司（证券代码 00××××）12419440 股股票归意汇通公司所有，方正公司应于本判决生效之日起十日内协助意汇通公司将上述股票变更登记至意汇通公司名下；（2）登记在方正公司名下的深大通公司（股票代码 00××××）12419440 股股票产生的红利 776215 元归意汇通公司所有，方正公司应于本判决生效之日起十日内支付意汇通公司上述款项。

二审判决：驳回上诉，维持原判。

｜裁判理由｜一审法院认为，意汇通公司与方正公司签订的《股份转让意向书》《备忘录》《股份转让协议》《补充协议》《代持股协议》系双方真实意思表示，内容合法有效，对双方均有法律约束力。

第一，从意汇通公司提交的《股份转让意向书》及《备忘录》可以反映双方之间就意汇通公司向方正公司购买深大通公司 54712690 股股份达成了总体的交易安排，第二，意汇通公司与方正公司签订的《代持股协议》约定方正公司代表意汇通公司持有深大通公司 2700 万股股份，在该股份过户到意汇通公司名下前继续由方正公司代持并履行诚信管理的职责。由此可见，在深大通公司重组过程中，方正公司以股东身份参与重组事宜、履行相关义务，将持有的 2700 万股深大通股份进行转让及送股，均是其履行代持股管理职责的体现，没有证据证明方正公司在重组过程中承担了实际股东的责任，也没有证据证明双方在此期间就诉争股份以及代持股关系进行了重新约定。

关于方正公司提出的诉讼时效问题，一审法院认为，本案为股票权利确认纠纷，意汇通公司请求确认方正公司名下持有的 12419440 股深大通公司股票为意汇通公司所有，其诉请对应的实体法上的权利是形成权，而不是请求权，因此，意汇通公司在本案中的诉讼请求不适用诉讼时效的规定。

综上，意汇通公司是本案诉争深大通公司 12419440 股股票的实际权利人，意汇通公司关于确认登记在方正公司名下的该部分股票归意汇通公司所有并变更登记至意汇通公司名下的请求，符合法律规定，予以支持。同时，本案中已冻结的红利 776215 元是上述股票的孳息，亦应归意汇通公司所有。

二审法院认为，上述协议签订后，意汇通公司未向证券监督管理机构及证券交易所报告并公告，有违《证券法》等有关协议收购上市公司股份的规定。但鉴于双方已实际履行合同，且方正公司自 2003 年转让股份给意汇通公司并代意汇通公司持股十几年未提出异议，现方正公司否认所涉股份非意汇通公司所有，法院认为有违诚信原则。

况且所涉股份历经股权分置改革，情况已发生变化，故一审判决涉案股份归意汇通公司所有并无不当。

至于方正公司上诉提出涉案股份转让未履行申报、披露等手续问题，相关当事人可在涉案股份确权后，依照《证券法》等相关规定向证券监督管理机构及证券交易所申报并完善相关手续。故，二审作出驳回上诉，维持原判的判决。

（二）裁判旨要

本案中，关于诉争协议效力问题，法院认为，双方签订的一系列协议系双方真实意思表示，内容合法有效，对双方均有法律约束力。

协议签订后，意汇通公司未向证券监督管理机构及证券交易所报告并公告，有违《证券法》等有关协议收购上市公司股份的规定。但鉴于双方已实际履行合同，且方正公司自 2003 年转让股份给意汇通公司并代意汇通公司持股十几年未提出异议，现方正公司否认所涉股份非意汇通公司所有，法院认为有违诚信原则。

关于方正公司提出的诉讼时效问题，一审法院认为，本案为股票权利确认纠纷，意汇通公司请求确认方正公司名下持有的 12419440 股深大通公司股票为意汇通公司所有，其诉请对应的实体法上的权利是形成权，而不是请求权。因此，意汇通公司在本案中的诉讼请求不适用诉讼时效的规定。

（三）律师评析

以"股票权利确认纠纷"为关键字，通过中国裁判文书网及北大法宝司法案例进行检索，由高级人民法院审理作出的股票权利确认纠纷文书共 19 篇，其中二审案件 8 篇，再审案件 11 篇。再审案件中，只有 1 篇指令某中级人民法院再审，其余 10 篇均被驳回再审申请。在 8 篇二审案件中，其中 2 篇为管辖权异议纠纷，1 篇撤销原判决发回重复，1 篇未交受理费按撤诉处理，相较于其他几个案例，本案更具有代表性和研究意义。对于本案，有几个问题需要注意：

第一，关于收购人如果未向证券监督管理机构及证券交易所报告并公告，是否会影响股份收购协议的效力。

《证券法》第七十一条规定："采取协议收购方式的，收购人可以依照法律、行政法规的规定同被收购公司的股东以协议方式进行股份转让。以协议方式收购上市公司时，达成协议后，收购人必须在三日内将该收购协议向国务院证券监督管理机构及证券交易所作出书面报告，并予公告。公告前不得履行收购协议。"本条规定了收购协议履行前的一个前置审批程序。由于上市公司收购事宜的策划乃至确定，与信息披露的日期之间往往有一个较长的时间跨度，我国《证券法》等法律法规规定，在有关信息披露之前，收购事项属于内幕信息，有关当事人必须严格保密，并不得进行内幕交易，违反者要承担相应的法律责任。协议收购相关当事人完成上述程序之后，进入协议履行阶段。双方应当按照协议中约定的关于拟转让的股份的数量、价格、支付方式、履行期限等规定履行收购协议。

根据法院裁判观点，该案中收购协议系双方真实意思表示，内容合法有效，对双方均有法律约束力。收购人未向证券监督管理机构及证券交易所报告并公告，有违《证券法》等有关协议收购上市公司股份的规定。但鉴于协议双方已实际履行合同，且被收购方自2003年转让股份给收购人并代收购人持股十几年未提出异议，现被收购人否认所涉股份非收购人所有，法院认为有违诚信原则。所以，收购人如果未向证券监督管理机构及证券交易所报告并公告，并不会必然导致收购协议无效，还应该结合《合同法》[7]第五十二条及合同履行的具体情况综合判断。

第二，关于股票权利确认之诉是否适用诉讼时效。

股票权利的确认，即为股东资格的确认。我国法律、法规及司法解释对确认之诉是否适用诉讼时效制度没有明确规定。在本质上，确认之诉是基于形成权所提出的具体请求，形成权是依单方意思表示即可使法律关系产生、变更、消灭的权利，其并非诉讼时效客体上的请求权，所以确认之诉不应当适用普通诉讼时效。根据《民法总则》《最高人民法院关于审理民事案件适用诉讼时效制

---

〔7〕 《中华人民共和国民法典》第一千二百六十条规定：本法自2021年1月1日起施行。《中华人民共和国婚姻法》、《中华人民共和国继承法》、《中华人民共和国民法通则》、《中华人民共和国收养法》、《中华人民共和国担保法》、《中华人民共和国合同法》、《中华人民共和国物权法》、《中华人民共和国侵权责任法》、《中华人民共和国民法总则》同时废止。

因本书中选取的案例均发生在《中华人民共和国民法典》实施之前，上述废止的法律当时为有效法律，特此说明。

度若干问题的规定》，当事人对诉讼时效的抗辩，主要适用于债权请求权。

在各地高级人民法院的公司法审理意见中对确认之诉有相应规定，如《山东省高级人民法院关于审理公司纠纷案件若干问题的意见（试行）》第四十三条："当事人请求人民法院确认股东资格的，不受《民法通则》第一百三十五条诉讼时效的限制。"北京市高级人民法院关于印发的《北京市高级人民法院关于审理公司纠纷案件若干问题的指导意见》第十七条规定："有限责任公司股东要求确认其股东资格，诉讼时效期间的计算适用《民法通则》第一百三十七条之规定。"

（四）相关法条及司法解释

《中华人民共和国民法典》

第一百四十四条 无民事行为能力人实施的民事法律行为无效。

第一百四十六条 行为人与相对人以虚假的意思表示实施的民事法律行为无效。

以虚假的意思表示隐藏的民事法律行为的效力，依照有关法律规定处理。

第一百五十三条 违反法律、行政法规的强制性规定的民事法律行为无效。但是，该强制性规定不导致该民事法律行为无效的除外。

违背公序良俗的民事法律行为无效。

第一百五十四条 行为人与相对人恶意串通，损害他人合法权益的民事法律行为无效。

第一百八十八条 向人民法院请求保护民事权利的诉讼时效期间为三年。法律另有规定的，依照其规定。

诉讼时效期间自权利人知道或者应当知道权利受到损害以及义务人之日起计算。法律另有规定的，依照其规定。但是，自权利受到损害之日起超过二十年的，人民法院不予保护，有特殊情况的，人民法院可以根据权利人的申请决定延长。

第一百九十六条 下列请求权不适用诉讼时效的规定：

（一）请求停止侵害、排除妨碍、消除危险；

（二）不动产物权和登记的动产物权的权利人请求返还财产；

（三）请求支付抚养费、赡养费或者扶养费；

（四）依法不适用诉讼时效的其他请求权。

第二章　证券交易合同纠纷

一、证券交易合同纠纷概述

证券交易纠纷是投资者在证券交易环节中与证券商之间因交易行为发生的纠纷。这些行为，有可能是券商构成侵权，有可能是券商违约，也有可能是投资者自己的责任。

根据《最高人民法院关于印发修改后的〈民事案件案由规定〉的通知(2011)》，证券交易纠纷位列第 287 位三级案由，其下又包括四个子案由，分别为股票交易纠纷、公司债券交易纠纷、国债交易纠纷、证券投资基金交易纠纷。

（一）股票交易纠纷

股票是股份有限公司发行的、表示其股东按持有的股份享受权益和承担义务的可转让的书面凭证。根据我国证券管理法规，股票有簿记券式股票，即发行人按照证券主管机关规定的统一格式制作的、记载股东权益的书面名册，以及实物券式股票，即发行人在证券主管机关指定的印制机构统一印制的书面股票两种。

股票交易纠纷，从民事关系来看，是指因股票买卖而引起的纠纷。从当事人的诉讼请求看，目前股票交易纠纷主要有两种：股票交易代理纠纷和股票侵权纠纷。关于股票交易代理纠纷，由于证券交易所实行会员制，因此各会员机构均设立证券公司，其职能之一就是代理客户进行股票买卖，该类公司均系证券主管机关批准成立的机构。在确定股票交易代理纠纷的性质时，应当认清股票交易代理的本质属性。除自营公司外，大多客户必须在证券公司开户并与其签订代理协议或委托协议。

该类纠纷主要表现为以下几种情况：（1）在代理客户买卖股票中，与客户分享股票交易的利润或者分担股票交易的损失，或向客户提供避免损失的保证；（2）收取不合理的佣金和其他费用；（3）以客户的名义为本公司买卖股票；（4）挪用客户保证金；（5）将客户的股票借与他人或者作为担保；（6）为股票交易融资；（7）其他进行非法股票交易的行为。民事基本法律中关于委托代理的规定见于《民法通则》第四章第二节代理、《合同法》第二十一章委托合同，其中对委托分类、定义、范围等进行了规定。从中可以看出对于委托代理相关的限制条款并不算多。

基于证券交易领域的专业性和特殊性，也根据特别法优于一般法的原则，从《证券法》等金融法律法规来看，对于股票交易涉及的诸多法律问题进行相应规制。关于股票侵权纠纷，作为投资者，客户一般仅与特定的证券公司有合同关系，与投资者之间无法律关系，他们在交易所的中介下进行交易。但证券公司以及与证券发行和交易有关的企业和个人通过内幕交易、虚假陈述、欺诈客户、操纵市场等侵权行为，不仅扰乱了证券市场的正常秩序，也侵犯了他人的财产利益。

此类案件为股票侵权纠纷，在法律适用上应依据《民法通则》第一百一十七条规定，并参照有关法规和规章。对于该类纠纷除证券主管机关给予行政处罚外，给客户造成损失的，责任人应承担赔偿责任。

（二）公司债券交易纠纷

公司债券本质是调整平等主体之间基本债权债务关系的民商事合同，遵循当事人意思自治原则。随着现行国家经济处于下行阶段，公司债券违约频发，亦成为公司债券交易纠纷中"常态化"的经济现象。在我国现行的法律制度框架下，公司债券违约后的处置方式大概分为五种：第一，外部资金支持与第三方代偿，即通过担保方、母公司或者处置抵质押物等方式来获得资产支持，或者通过其他第三方实现对投资者的偿付。第二，资产变现与抵押物处置，即通过处置抵质押物或者变卖资产、再融资等方式来筹集资金，实现对债权人的偿付。第三，债务重组，即债权人在债务人财务困难时与其达成协议，通过降低利息、延长支付期限等方式来缓解债权人的偿债压力。第四，违约求偿诉讼，即当债务人不能履行按期足额偿还本息的约定时，债权人向法院申请，要求债务人在一定期限内还本付息以及承担违约金、损失赔偿额、预期利息。第五，破产诉讼，即债务到期时债务人已经资不抵债的情况下，债权人通过破产重整、破产清算等司法途径寻求救济。[1] 违约求偿诉讼和破产诉讼属于司法救济措施，较之破产诉讼，违约求偿诉讼在司法实践中更为常见。

公司债券交易中的法律适用。就前述而言，公司债券体现了平等当事人之间基本债权债务关系，债券违约意味着，违约方要承担继续履行、采取补救措施、赔偿损失、支付违约金等民事法律后果，与此同时，公司债券具有金融属性，是一种重要的投融资商品，因此其受到《民法总则》《合同法》《公司法》《证券法》《公司债券发行与交易管理办法》的调整。需要指出的是，《公司法》与《证券法》所调整的"公司债券"属于狭义上的，并未涵盖企业债券和非金融企业债务融资工具。

在具体案例中，《合同法》第七章关于"违约责任"的规定以及《公司债券发行与交易管理办法》第五十七条关于债券违约情形、违约责任、承担方式以及公司债权发生纠纷后的诉讼、仲裁或启动争议解决机制应当在债券募集说明书中明确约定的规定成为债权人寻求司法救济的请求权基础。

除此之外，证监会制定的《公司债券发行与交易管理办法》、国务院制定的《企业债券管理条例》以及中国人民银行制定的《银行间债券市场非金融企业债务融资工具管理办法》亦是调整公司债券交易纠纷更为具体的法律规范文件。例如《公司债券发行与交易管理办法》第五十条关于受托管理人代为诉讼的制度规定，对于公司债券诉讼主体适格问题的解决提供了更多的救济空间，但该办法对于公司债券违约行为的规制和救济尚未提供充足的法律依据。[2]

（三）国债交易纠纷

国债是指政府为筹集财政资金而发行的一种政府债券。国债的发行的主体是国家，通过特定途径和法定程序向投资人出具，并承诺在一定时间内到期偿还本金和支付利息的债权债务凭证。与股票、期货相比，国债以国家信用为基础，具有较高信用度，目前被认为是最为安全保守的投资选择。

根据发行凭证标准可以分为凭证式国债和记账式国债。凭证式国债是指国家用填制国库券收款凭证的方式发行的债券，一般在各大银行出售。记账式国债是指由财政部通过无纸化方式发行的、以电脑记账方式记录债权，并可以上

〔1〕 李安安：《公司债券违约的司法救济：规范分析与体系建构》，载《中国应用法学》2019 年第 5 期。
〔2〕 张媛：《论我国证券法中公司债券法律制度的适用与完善》，载《证券法苑》2011 年第 2 期。

市交易的债券，又称无纸化债券，一般在证券公司发行，发行后可以在证券交易市场买卖流通。根据不同的国债类型，购买国债的流程亦有所区别。凭证式国债，目前只支持前往银行网点填单交款的购买方式，无须开通国债托管账户。而记账式国债，投资者在购买前需要选择一家证券公司开立国债专用账户并缴纳一定保证金后方才可以进行交易。另外，也可以通过登录大中型银行的手机银行、网上银行开通国债托管账户购买电子式国债。[3]

国债交易纠纷应当视为通过交易市场或其他金融形式投资金融性资产时引发的纠纷。

具体常见纠纷类型如下：（1）针对国债宣传类纠纷，即发布虚假信息或公布未公开信息，对国债业务和政策虚假宣传。（2）针对发行和兑付的违约类纠纷，即到期不能按时兑付或以不正当理由拒绝兑付本金及利息的违约行为。（3）针对国债质押贷款类纠纷，即国债代销机构无正当理由拒绝办理质押贷款。（4）针对国债安全管理类纠纷，即客户与代销机构内外勾结，违规操作、买空卖空、非法融资、骗取银行贷款、私自泄露客户账户秘密等违法犯罪行为。[4]

国债交易纠纷的管辖。在以国债交易纠纷为案由提起诉讼时，根据《民事诉讼法》第二十四条规定，因合同纠纷提起的诉讼，由被告住所地或者合同履行地人民法院管辖。证券交易合同纠纷属于合同纠纷案件，应当由被告住所地或者合同履行地人民法院管辖。

（四）证券投资基金交易纠纷

证券投资基金是指通过发售基金份额，基金托管人进行财产托管，由基金投资人共享投资收益、共担投资风险的集合投资方式。根据基金是否可以赎回，证券投资基金可分为开放式基金和封闭式基金。开放式基金，是指基金规模不是固定不变的，而是可以随时根据市场供求情况发行新份额或被投资人赎回的投资基金。封闭式基金，是相对于开放式基金而言的，是指基金规模在发行前已确定，在发行完毕后和规定的期限内，基金规模固定不变的投资基金。

近年来，由于证券市场动荡，证券投资基金纠纷数量大幅增加。从最高

---

〔3〕 希财网：https：//m.csai.cn/licai/1299759.html，2019年11月1日。
〔4〕 潘琪旗：《中国国债的现状分析与政策展望》，载《杭州师范大学学报（社会科学版）》2013年第4期。

人民法院裁判文书网、无讼案例网、威科先行、北大法宝等网站公布的裁判案例中收集到有关投资基金权利交易纠纷案件显示，2010 年以前的基金相关案件较少，2010 年以来，基金有关案件数量每年递增，值得引起法律行业人士的重视。

二、对于股票交易纠纷应当区分情况适用不同的认定标准

（一）典型案例

☞ **正容能源投资有限公司与贾根群、重庆紫钧投资有限公司股票交易纠纷**[5]

【关键词】股票交易协议效力　履约保证金返还

|**基本案情**| 原告：正容能源投资有限公司，法定代表人：李国光；被告：重庆紫钧投资有限公司，法定代表人：邱学军。

原告正容能源投资有限公司（以下简称正容公司）与被告重庆紫钧投资有限公司（以下简称紫钧公司）、贾根群股票交易纠纷一案，重庆市高级人民法院于 2019 年 1 月 4 日立案，依法适用普通程序，于 2019 年 5 月 23 日公开开庭进行了审理。正容公司的委托诉讼代理人邵岳，紫钧公司的委托诉讼代理人刘润宇、李雅云及贾根群到庭参加诉讼。本案现已审理终结。

正容公司和紫钧公司、贾根群于 2018 年 5 月 2 日签订《股票交易协议》，约定紫钧公司及其合作方将持有的上海海欣集团股份有限公司约 1220 万股无限售流通 A 股（海欣股份代码：600851）以大宗交易方式转让给正容公司。交易结算价格为 13.35 元/股。协议同时约定交易触发机制为正容公司向紫钧公司、贾根群足额支付履约保证金 4000 万元，且不得晚于 2018 年 5 月 8 日。贾根群对紫钧公司的义务承担连带保证责任。后正容公司依约向紫钧公司、贾根群支付履约保证金 4000 万元，但由于标的股份 5 日均价一直未达到或超过基准交易价格 13.35 元/股，致使正容公司履行该协议条件无法成就。

经查，紫钧公司名下持有的海欣股份股票并无 1200 万股。由于协议约定交易期限为 2018 年 5 月 2 日至 2018 年 12 月 20 日，现该协议期限届满，但促使正

----

〔5〕　重庆市高级人民法院（2019）渝民初 12 号。

容公司履行该协议的条件一直未成就，协议的目的已经无法实现，在此情况下正容公司要求紫钧公司、贾根群返还履约保证金 4000 万元，紫钧公司、贾根群迄今未返还保证金。

┃裁判结果┃ 重庆市高级人民法院一审认为，正容公司无《股票交易协议》的解除权，《股票交易协议》已终止，无须解除。正容公司关于解除《股票交易协议》的诉请，法院不予支持。同时，紫钧公司有权对正容公司缴纳的履约保证金作为违约补偿金予以处理，不必返还正容公司已缴纳的履约保证金。

对于正容公司主张的利息，紫钧公司自然也不应承担。故正容公司关于返还履约保证金以及支付相应利息的诉请，法院不予支持。至于贾根群是否应当承担连带责任的问题，因紫钧公司不负有返还保证金及支付相应利息的责任，故贾根群也不应承担相关责任。

原告正容公司不服一审判决，上诉至最高人民法院，后以与各方当事人达成庭外和解为由，于 2020 年 1 月 7 日向重庆市高级人民法院提出撤回上诉的申请。

┃裁判理由┃ 第一，关于《股票交易协议》是否应当解除的问题。双方的真实意思应是作为受让方的正容公司在约定的交易期限内有发出交易指令完成交易的义务，其仅有在交易期限内选择某一天交易的日期选择权（在股票价格符合《股票交易协议》第四条之第一项的约定时，其日期选择权也受到限制），而没有选择不发出交易指令的权利。根据本案查明的事实，正容公司并未在约定的交易期限内发出交易指令而完成交易，已构成违约。

第二，关于紫钧公司是否应当返还履约保证金以及支付相应利息的问题。正容公司未在约定的交易期限内发出交易指令，系其原因未完成本案所涉股票交易，根据《股票交易协议》第六条的约定，紫钧公司有权对正容公司缴纳的履约保证金作为违约补偿金予以处理，不必返还正容公司已缴纳的履约保证金。对于正容公司主张的利息，紫钧公司自然也不应承担。故正容公司的关于返还履约保证金以及支付相应利息的诉请，一审法院不予支持。

（二）裁判旨要

《股票交易协议》约定终止条件达成，无须解除。根据协议约定，协议一方违约，另一方有权将缴纳的履约保证金作为违约补偿金予以处理。

(三) 律师评析

1. 关于涉案协议解除的问题，应严格区分合同终止及合同解除的概念

合同终止是由当事人一方为意思表示使继续性合同关系向将来消灭的行为。终止的原因不限于违约，当事人也可基于自己的需要而提前终止。合同终止仅使继续性合同关系自终止之日起消灭，以前的合同关系仍然有效，因而终止不发生恢复原状的后果，当事人基于合同所为的给付也不用返还。而合同解除仅以违约为产生原因，在效力上溯及至合同成立之时，因此合同解除后与自始没有合同相同，已经履行的部分恢复原状，未履行的部分不再履行。就本案而言，《股票交易协议》约定的终止事由出现时，合同自动终止无须另行解除。[6]

此外，根据《合同法》第九十八条规定，合同的权利义务终止，不影响合同中结算和清理条款的效力。合同终止后，合同责任并不终止，合同约定的违约条款仍屹立不倒，违约一方仍应对其违约行为承担相应的违约责任。

2. 守约方将履约保证金作为违约补偿金处理，不再返还履约保证金及其利息

本案另一焦点涉及履约保证金的性质及如何适用的问题。根据本案事实，正容公司未按合同约定履行发出交易指令的义务完成交易，已构成违约。紫钧公司有权将正容公司缴纳的履约保证金作为违约补偿金予以处理。履约保证金是合同当事人一方为担保合同的履行，而给付另一方当事人一定的金钱作为债权的担保，是合同履行的一种担保方式。在法律或行政法规没有禁止性规定的情况下，合同当事人可以设定履约保证金，以担保合同的履行。

履约保证金在性质上具备违约金的补偿性和惩罚性。但履约保证金并不完全等同于违约金，履约保证金与违约金是两个不同的概念。违约金是合同一方违约时承担责任的一种方式，合同当事人可以在合同成立时预先设定，并在违约事实发生后据此承担给付违约金的责任，在性质上具有补偿性和惩罚性。

履约保证金的规定起源于招标投标法。我国《招标投标法》第四十六条第二款规定："招标文件要求中标人提交履约保证金的，中标人应当提交。"国务

---

[6] 龚赛红：《论民法典中的合同的解除与合同终止》，载《北京化工大学学报》2006年第4期。

院颁布实施的《招标投标法实施条例》则进一步规定，招标文件要求中标人提交履约保证金的，中标人应当按照招标文件的要求提交。履约保证金不得超过中标合同金额的10%。履约保证金的目的在于担保合同的履行，与我国《担保法》规定的保证、抵押、质押、留置、定金等担保方式有同等效力，应当视为招标投标合同的履约担保。

我国《合同法》对于履约保证金并无明文规定，但实践中在当事人合同违约条款中却经常出现关于履约保证金的约定，实际上是参照了履约保证金在招标投标合同中的作用进行的约定，应当认定其是违约金的一种计算方式。因此，本案在违约方出现违约行为时，未违约一方将履约保证金作为违约补偿金处理，不再返还履约保证金及其利息。[7]

此外还需注意，履约保证金在适用时，与违约金不能重复适用。根据《民法通则》第一百一十二条规定："当事人一方违反合同的赔偿责任，应当相当于另一方因此所受到的损失。当事人可以在合同中约定，一方违反合同时，向另一方支付一定数额的违约金；也可以在合同中约定对于违反合同而产生的损失赔偿额的计算方法。"给对方所造成的损失赔偿，双方可以约定具体数额，也可以约定计算方法。如上所述，履约保证金具有违约金的性质，应当与损失相当，两者不可重复适用。

（四）相关法条及司法解释

《中华人民共和国民法典》

第四百六十五条 依法成立的合同，受法律保护。

依法成立的合同，仅对当事人具有法律约束力，但是法律另有规定的除外。

第五百零二条 依法成立的合同，自成立时生效，但是法律另有规定或者当事人另有约定的除外。

依照法律、行政法规的规定，合同应当办理批准等手续的，依照其规定。

第五百五十七条 有下列情形之一的，债权债务终止：

（一）债务已经履行；

（二）债务相互抵销；

（三）债务人依法将标的物提存；

---

[7] 高艳宁：《浅谈合同履约保证金》，载《时代经贸》2008年第6期。

（四）债权人免除债务；

（五）债权债务同归于一人；

（六）法律规定或者当事人约定终止的其他情形。

合同解除的，该合同的权利义务关系终止。

第五百七十七条 当事人一方不履行合同义务或者履行合同义务不符合约定的，应当承担继续履行、采取补救措施或者赔偿损失等违约责任。

三、证券公司基于商业判断作出的正常投资行为尽到了谨慎、勤勉的义务，就不应承担赔偿责任

（一）典型案例

☞ 广西西能科技有限责任公司与国泰君安证券股份有限公司
委托合同纠纷二审案[8]

【关键词】资产管理人　商业判断　善良管理义务

│**基本案情**│原告：广西西能科技有限责任公司，法定代表人：王凯；被告：国泰君安证券股份有限公司，法定代表人：祝幼一。

原告广西西能科技有限责任公司为与被告国泰君安证券股份有限公司委托管理资产合同纠纷一案，不服上海市高级人民法院（2003）沪高民二（商）初字第1号民事判决，向最高人民法院提起上诉。

2000年12月18日，广西西能科技有限责任公司（以下简称西能公司）的前身广西创志科技有限责任公司（以下简称创志科技）作为甲方，与乙方国泰君安证券股份有限公司（以下简称国泰君安公司）签订了一份《国泰君安证券股份有限公司关于广西创志科技有限责任公司之资产管理委托协议书》（以下简称《资产管理委托协议书》），协议约定的主要内容是：

（1）国泰君安公司接受创志科技的委托，为其提供资产管理服务，委托资金共计人民币1亿元，委托期限自2000年12月20日始至2001年12月20日止。

（2）国泰君安公司根据创志科技提供的证券账户在国泰君安公司及其营业部开立资金专用账户，并将创志科技委托管理的资金全额存入该专用账户，委

---

[8] 最高人民法院（2003）民二终字第182号。

托资产项下各项投资的收入和变现资金只能在该资金专用账户中运作，不得挪作他用。创志科技提供深圳证券交易所的股东账户名称为"创志公司"，股东编号为63176363；上海证券交易所股东账户名称为"创志公司"，股东编号为b880601892。创志科技还指定国泰君安公司在两个个人账户：方东莲（上海股东代码：364776357，深圳股东代码：22439602），王新友（上海股东代码：364777337，深圳股东代码：22439700）的账户内进行证券买卖。

（3）国泰君安公司须本着应有的谨慎和勤勉，运用专业知识和技能进行服务，并以委托资产的安全及稳定收益作为资产管理目标；如国泰君安公司未尽义务导致委托方的委托资产损失，应对该损失予以赔偿，赔偿范围以足以弥补委托资产总额为限。除双方另有约定外，国泰君安公司在委托人指定的证券账户名下，在不违反委托人利益的前提下，有权自主操作资金专用账户的资金买卖及持有在境内合法的金融市场合法投资的品种。但不得为资金专用账户安排任何形式的借贷或其他负债资金。

（4）国泰君安公司在委托期限终止前应将指定证券账户中的所有证券变现。在委托期限终止后的5个工作日内，国泰君安公司应将委托资产的期末余额在扣除约定的管理费和业绩报酬后支付给委托人。

（5）国泰君安公司在委托期限内定期（每月、年度和委托期限终止时）向委托人提供资产管理报告。

（6）双方约定管理费的提取方法为：当年收益率小于7%时，国泰君安公司不收取管理费；年收益率在10%以下时，国泰君安公司不提取业绩报酬；年收益率在10%至20%部分，国泰君安收取一定比例的收益提成等。

（7）如果国泰君安公司未能在约定的委托期限到期后将期末余额支付给委托人，每延迟一天按应支付款项的万分之四计算给付滞纳金；如果任何一方违反协议项下的义务造成损失时，违约方应向对方支付委托资产期初余额5%的违约金，并给予对方完全、有效的赔偿。双方还就其他事项进行了约定。协议签订后，创志科技于2000年12月20日将委托资金人民币1亿元汇入国泰君安公司指定的账户。

2001年9月19日，经工商行政管理部门批准，原"广西创志科技有限责任公司"名称变更为"广西西能科技有限责任公司"。

2001年11月25日，国泰君安公司与西能公司经协商达成《资产委托管理延期协议》（以下简称《延期协议》），协议约定：西能公司继续按原协议规定的条款委托国泰君安公司管理委托资产，委托资金仍为人民币1亿元，委托期限延至 2002 年 12 月 20 日，原协议中创志科技的权利义务由更名后的西能公司承接。国泰君安公司同意在原协议期满到期后 1 日内，按委托资金的 6% 向西能公司支付委托投资收益。在继续委托阶段，双方的权利义务仍遵循原协议的规定。原协议与延期协议不一致的，以延期协议的约定为准。

《延期协议》签订后，国泰君安公司依约向西能公司支付了前期收益人民币 600 万元。在原协议和《延期协议》履行期间，国泰君安公司未按约定期限向西能公司提供资产管理报告。《延期协议》约定的委托期限到期后，国泰君安公司未将证券账户内的股票变现，亦未将账户资金余额支付给委托人。根据国泰君安公司提供的股票交易对账单并经原审法院核对，截至 2002 年 12 月 20 日，西能公司账户内的股票市值（按所购股票当日收盘价格计算）和资金余额总计为人民币 80698548.97 元，形成委托资金交易损失人民币 19301451.03 元。

西能公司于 2003 年 3 月 20 日向上海市高级人民法院提起诉讼，请求判令国泰君安公司返还委托管理资金本金 1 亿元和逾期付款滞纳金 360 万元，支付违约金 500 万元并承担本案诉讼费用。

在原审诉讼过程中，国泰君安公司于 2003 年 5 月 13 日主动向西能公司归还人民币 5000 万元。

| 裁判结果 | 上海市高级人民法院判决：（1）国泰君安证券股份有限公司于该判决生效之日起 10 日内向广西西能科技有限责任公司支付人民币 30698548.97 元（其中股票市值按约定付款日即 2002 年 12 月 20 日当日已购股票的收盘价格计算并扣除国泰君安公司已付的人民币 5000 万元）并支付相应逾期付款违约金（其中：自 2002 年 12 月 21 日起至 2003 年 5 月 13 日止，以人民币 80698548.97 元为基数，按每日万分之四计算；自 2003 年 5 月 14 日起至本判决生效之日止，以人民币 30698548.97 元为基数，按每日万分之四计算）。（2）国泰君安证券股份有限公司于该判决生效之日起 10 日内向广西西能科技有限责任公司支付违约金人民币 500 万元。（3）对广西西能科技有限责任公司的其余诉讼请求不予支持。

| 裁判理由 | 最高人民法院认为：本案诉争双方系以证券市场投资为目标的委托资产管理合同关系。经主管部门批准从事受托投资管理业务的综合类证券公司，具有受托投资管理业务的经营资质，其与相对方签订的《资产管理委托协议书》和《延期协议》，系双方当事人真实意思表示，不违反法律、行政法规的禁止性规定，应认定合法有效。

《资产管理委托协议书》约定在不违反委托人利益的前提下，证券公司有权自主操作资金专用账户的资金买卖及持有在境内合法的金融市场合法投资的品种。但不得为资金专用账户安排任何形式的借贷或其他负债资金。在股市证券买卖操作中，证券公司基于商业判断而作出的正常投资行为，即使出现投资判断失误，但其只要尽到了合同约定的谨慎、勤勉的管理人义务，不存在明显过错，就不能以受托人当时的商业判断与市场后来的事实发展相悖为由，要求其承担赔偿责任。

且本案经营股票交易的损失也属于股市行情处于低迷情况下的正常风险损失。因此在长期的大额股票交易中西能公司仅以存在两笔高买低卖的情形，主张国泰君安公司在委托理财过程中违反了善良管理义务，构成对西能公司欺诈，显然证据不足。

根据《延期协议》第1条约定，国泰君安公司按资产本金的6%向西能公司支付收益。西能公司据此认为国泰君安公司虚构收益，构成了对西能公司的欺诈。因双方在签订《延期协议》时，原协议还未到期，且在当时不可能知道到期时的收益，国泰君安公司付款时注明该款项是"预付"委托投资收益款，但西能公司在签署时单方划去了"预"字。之后，国泰君安公司在向西能公司支付该600万元的付款凭证上，也注明付款用途是"收益预分"。据此可以认定，《延期协议》所确定的600万元是预收益，国泰君安公司不存在虚构盈利问题。因此，对西能公司关于国泰君安公司高买低卖股票，转移西能公司账户盈利，虚构收益，构成对西能公司的欺诈，应当承担相应后果的上诉理由，法院不予支持。

双方在委托协议中区分了谨慎、勤勉管理人义务与提供资产管理报告义务，国泰君安公司向西能公司提交资产管理报告的义务，并不属于双方协议第6条第2款第1项约定的"谨慎与勤勉地进行资产管理"的范畴。一审判决关于西能公司的委托资产损失是股市行情处于低迷环境下的正常风险损失、国泰君安公司在受托管理过程中不存在明显过错的认定并无不当。对西能科技要求判令国泰君安公司返还全部委托资金的诉讼请求，法院不予支持。

（二）裁判旨要

在股市证券买卖操作中，证券公司基于商业判断而作出的正常投资行为，即使出现投资判断失误，但其只要尽到了合同约定的谨慎、勤勉的管理人义务，不存在明显过错，就不能以受托人当时的商业判断与市场后来的事实发展相悖为由，要求其承担赔偿责任。

（三）律师评析

资产管理业务（简称资管业务）是金融机构接受投资者委托，对受托的投资者财产进行投资和管理的一种金融服务。资产管理人根据资产管理委托协议，在股市证券买卖交易中，基于商业判断而作出的正常投资行为，只要尽到了善良管理义务，不存在明显的过错，就不应承担交易损失的后果。[9]

2018 年 4 月，中国人民银行、中国银行保险监督管理委员会、中国证券监督管理委员会、国家外汇管理局等四部委联合发布《关于规范金融机构资产管理业务的指导意见》；9 月，中国银保监会发布了《商业银行理财业务监督管理办法》；10 月，中国证监会发布了《证券期货经营机构私募资产管理业务管理办法》，上述三个资管业务的监管文件统称为"资管新规"，用以规范金融机构资管业务、统一资管产品监管标准、有效防控金融风险。其中《证券期货经营机构私募资产管理业务管理办法》第十一条规定了证券期货经营机构从事私募资产管理业务应当履行的具体职责。

在资管业务中，受托管理人义务的确定应当从主体角色的定位出发，既要基于特定财产委托关系中投资者对受托机构的信任而要求受托机构承担一定的"管理人职责"，也要基于受托财产的投资和管理的合同约定而履行相应的"约定义务"。在现有法律框架下的司法实践中，可以将资管业务中"受托管理人义务"界定为：基于投资者对受托金融机构的充分信任，在相关法律和合同的约束下，为勤勉尽职管理受托财产而产生之义务，此受托管理人义务应当包括两方面内容：一是基于资产业务管理人地位对受益人的信义义务；二是当事人之间为实现投资目的的合同义务。同时，合同义务的约定不得违反法律、法规及规范性文件对信义义务的规定。[10]

就本案而言，主要关注的裁判问题有如下几点：

1. 关于资管业务中的信义义务

在标准资管业务中，受托人行使信托财产的管理权，必须做到诚实、信用、

---

[9] 郭金良：《资产管理业务中受托管理人义务的界定与法律构造》，载《政法论丛》2019 年第 2 期。

[10] 郭金良：《资产管理业务中受托管理人义务的界定与法律构造》，载《政法论丛》2019 年第 2 期。

谨慎和有效管理，恪守规范、积极履行善良管理义务。在资产管理过程中无明显过错，不存在欺诈、弄虚作假的行为。

就本案而言，最高人民法院认为西能公司没有证据证明国泰君安公司在证券交易过程中存在违反法律的行为以及在证券交易中存在明显过错和转移西能公司账户盈利的事实。国泰君安公司基于商业判断而作出的正常投资行为，即使出现投资判断失误，但已经尽到了合同约定的谨慎、勤勉的管理人义务，不存在明显过错，不应当构成欺诈。[11]

2. 关于受托管理人的忠实义务

该项义务主要体现为禁止受托人利用信托财产为自己谋取利益的义务。在资管业务中，无论是标准资管业务中的受托管理人，还是通道业务中的实际控制和管理人，均应遵循此项"禁止利用资管财产为自己谋利"的原则。西能公司未能举证证明国泰君安公司在证券交易过程中存在利用投资人资产为证券公司谋取利益，不能以受托管理人违反该项义务主张其承担赔偿责任。

3. 关于受托管理人的披露报告义务

受托人应当及时向投资人履行资产报告义务，针对资管产品具体管理计划，与资产管理相关信息及风险及时向投资人披露、报告并保存。本案《委托协议》中对谨慎、勤勉管理人义务与提供资产管理报告义务进行了严格区分。由于股市行情低迷造成的风险损失属于投资者应当承担的正常的商业风险，在国泰君安公司已经履行了善良管理义务和忠实披露、报告等义务，且无明显过错的情况下，不应当由国泰君安公司承担赔偿责任。[12]

律师在此建议：中小投资者应当根据自我风险承受能力谨慎选择资产管理机构及投资数额。并且关注所选择的资产管理机构的资质、产品类型，注重资信及资金投向、关注风险控制措施情况。在涉及诉讼纠纷时，受托机构仅在违反法定义务的情况下在其责任范围内对投资人承担赔偿责任。而在司法实践中，该类案件因为投资者与受托机构往往存在信息不对称，取证困难，加之投资毕竟存在系统商业风险，导致案件事实查明难度大，最终投资者无法获得全额赔偿。

---

[11] 姜宇：《论资产管理业务法律规制的第三支柱：信义义务规则——兼评〈关于规范金融机构资产管理业务的指导意见〉》，载《上海金融》2018 年第 12 期。

[12] 郭金良：《资产管理业务中受托管理人义务的界定与法律构造》，载《政法论丛》2019 年第 2 期。

（四）相关法条及司法解释

《中华人民共和国民法典》

第五百零九条　当事人应当按照约定全面履行自己的义务。

当事人应当遵循诚信原则，根据合同的性质、目的和交易习惯履行通知、协助、保密等义务。

第五百八十五条　当事人可以约定一方违约时应当根据违约情况向对方支付一定数额的违约金，也可以约定因违约产生的损失赔偿额的计算方法。

约定的违约金低于造成的损失的，人民法院或者仲裁机构可以根据当事人的请求予以增加；约定的违约金过分高于造成的损失的，人民法院或者仲裁机构可以根据当事人的请求予以适当减少。

当事人就迟延履行约定违约金的，违约方支付违约金后，还应当履行债务。

第九百二十四条　受托人应当按照委托人的要求，报告委托事务的处理情况。委托合同终止时，受托人应当报告委托事务的结果。

四、公开募集基金的基金管理人可以基金管理人名义代表基金份额持有人利益行使诉讼权利或者实施其他法律行为

（一）典型案例

☞ **永泰能源股份有限公司、鑫元基金管理有限公司公司债券交易纠纷**[13]

【关键词】公司债券持有人

| **基本案情** | 原告：永泰能源股份有限公司，法定代表人：王广西；被告：鑫元基金管理有限公司，法定代表人：肖炎。

原告永泰能源股份有限公司（以下简称永泰能源）因与被告鑫元基金管理有限公司（以下简称鑫元基金）公司债券交易纠纷一案，原告不服山西省高级人民法院（2018）晋民初508号民事判决，向最高人民法院提起上诉。最高人民法院于2019年4月29日立案后，依法组成合议庭，开庭进行了审理。

----

[13]　最高人民法院（2019）民终704号。

2017 年 8 月 21 日，永泰能源在上海清算所网站发布《永泰能源股份有限公司 2017 年度第五期短期融资券募集说明书》。该募集说明书发行条款表明，本期短期融资券名称为永泰能源股份有限公司 2017 年度第五期短期融资券；发行人为永泰能源；待偿还债务融资工具余额：截至本募集说明书签署日，发行人已发行尚未偿付的直接债务融资余额为 253.31 亿元人民币与 5 亿美元，其中本部待偿还短期融资券 73 亿元、公司债券 90.03 亿元、定向工具 42.28 亿元、中期票据 28 亿元，子公司待偿还公司债券 20 亿元与境外债 5 亿美元；接受注册通知书文号为中市协注〔2016〕CP204 号；注册总额人民币 18 亿元；本期发行金额人民币 10 亿元；本期短期融资券期限 365 天；本期短期融资券面值为人民币壹佰元；发行价格为本期短期融资券按面值平价发行；票面利率为本期短期融资券采用固定利率方式，由发行人与主承销商根据集中簿记建档结果协商一致确定，在短期融资券存续期限内固定不变；发行对象为全国银行间债券市场的机构投资者（国家法律、法规禁止的购买者除外）；承销方式为主承销商余额包销；发行方式采用集中簿记建档、集中配售的方式发行；短期融资券形式采用实名记账方式，投资人认购的本期融资券在上海清算所开立的持有人账户中托管记载；发行日 2017 年 8 月 23 日至 25 日；缴款日 2017 年 8 月 25 日；起息日 2017 年 8 月 25 日；债权债务登记日 2017 年 8 月 25 日；上市流通日 2017 年 8 月 28 日；兑付日 2018 年 8 月 25 日（如遇法定节假日，则顺延至其后的一个工作日）；兑付方式到期一次还本付息。

本期短期融资券到期日前 5 个工作日，由本公司按照有关规定在主管部门指定的信息媒体上刊登《兑付公告》，并由银行间市场清算所股份有限公司代理完成兑付工作；信用评级结果联合资信评估有限公司评定公司主体长期信用级别为 AA＋，评级展望为稳定；本期短期融资券债项信用等级永泰能源股份有限公司 2017 年度第五期短期融资券募集说明书为 A-1；担保方式：无担保；集中簿记建档系统技术支持机构为北金所；认购和托管本期短期融资券采用集中簿记建档，集中配售方式发行，上海清算所为本期短期融资券的登记、托管机构；税务提示：根据国家有关税收法律、法规的规定，投资者投资本期短期融资券所应缴纳的税款由投资者承担。

本期短期融资券发行安排：一是集中簿记建档安排。（1）本期短期融资券簿记管理人为浙商银行股份有限公司，本期短期融资券承销团成员须在 2017 年 8 月 23 日 9 时至 17 时整，通过集中簿记建档系统向簿记管理人提交《永泰能源股份有限公司 2017 年度第五期短期融资券申购要约》，申购时间以在集中簿记建档系统中将《申购要约》提交至簿记管理人的时间为准；（2）每一承销团成员申购金额的下限为 1000 万元（含 1000 万元），申购金额超过 1000 万元的必须是 100 万元的整数倍。二是分销安排。（1）认购本期短期融资券的投资者为境内合格机构投资者（国家法律、法规及部门规章等另有规定的除外）；（2）上述投资者应在上海清算所开立 A 类或 B 类托管账户，或通过全国银行间债券市场中的债券结算代理人开立 C 类持有人账户；其他机构投资者可通过债券承销商或全国银行间债券市场中的债券结算代理人在上海清算所开立 C 类持有人账户。三是缴款和结算安排。（1）缴款时间：2017 年 8 月 25 日 15：00 点前；（2）簿记管理人将在 2017 年 8 月 23 日通过集中簿记建档系统发送《永泰能源股份有限公司 2017 年度第五期短期融资券配售确认及缴款通知书》，通知每个承销团成员的获配短期融资券面额和需缴纳的认购款金额、付款日期、划款账户等；（3）合格的承销商应于缴款日 15：00 前，将按簿记管理人的"缴款通知书"中明确的承销额对应的募集款项划至以下指定账户：账户名称：浙商银行股份有限公司；账号：33××××0015；开户银行：浙商银行；人行支付系统号：316331000018。如合格的承销商不能按期足额缴款，则按照中国银行间市场交易商协会的有关规定和"承销协议"和"承销团协议"的有关条款办理；（4）本期短期融资券发行结束后，短期融资券认购人可按照有关主管机构的规定进行短期融资券的转让、质押。四是登记托管安排。本期短期融资券以实名记账方式发行，在上海清算所进行登记托管。上海清算所为本期短期融资券的法定债权登记人，在发行结束后负责对本期短期融资券进行债权管理，权益监护和代理兑付，并负责向投资者提供有关信息服务。五是上市流通安排。本期短期融资券在债权登记日的次一工作日（2017 年 8 月 28 日），即可以在全国银行间债券市场流通转让。按照全国银行间同业拆借中心颁布的相关规定进行。该募集说明书第十一章本期短期融资券投资者保护机制还明确：如发行人迟延兑付债券本息的，除支付债券本息外，还需按照拖欠的金额以每日万分之二点一计付违约金。发行人如未能清偿其他任意到期债务金额达到或超过 1 亿元的，构成交叉违约。如出现交叉违约情形，债务融资工具持有人有权对"有条件豁免违反约定，即如果发行人采取了对本期债务融资工具增加担保的救济方案，并在 45 个工作日内完成相关法律手续的，则豁免违反约定"的处理方案进行表决，如发行人未获得豁免，则本期债务融资工具本息应在持有人会议召开日的次一日立即到期兑付。该募集说明书还就释义、风险提示与说明、募集资金运用、发行人基本情况、发行人主要财务状况、发行人资信状况、本期短期融资券的担保、税项、信息披露安排、本期短期融资券发行相关的机构、备查文件和查询地址等作了公示。

2015 年 7 月 9 日，江苏张家港农村商业银行股份有限公司与鑫元基金签署《鑫元基金——鑫合通 7 号资产管理计划资产管理合同》，约定由江苏张家港农村商业银行股份有限公司委托鑫元基金设立鑫元基金——鑫合通 7 号资产管理计划，为江苏张家港农村商业银行股份有限公司管理相应的资产。该资产管理合同的有效期为 3 年。

2017 年 8 月 25 日，鑫元基金与涉案债券承销团成员第一创业证券股份有限公司签署《债券分销协议》，约定由鑫元基金管理的鑫元基金——鑫合通 7 号资产管理计划购买涉案债券 200 万张，票面总金额为 2 亿元，购买价格 199840000 元。2017 年 8 月 25 日，鑫元基金通过管理的鑫元基金——鑫合通 7 号资产管理计划账户由托管银行中国工商银行股份有限公司上海分行划付投资资金 199840000 元。

永泰能源 2017 年第一期、第二期等多期债券出现违约，2018 年 7 月 31 日，永泰能源 2017 年第五期短期融资券持有人会议召开，本次会议的议案之一为"要求发行人针对'17 永泰能源 CP005'债务融资工具提供增信措施，并于 45 个工作日内完成相关法律手续的议案"。该议案在本次持有人会议中未获得表决通过。根据募集说明书，永泰能源未能获得交叉违约豁免，涉案债券应于 2018 年 8 月 1 日提前到期兑付。

由于鑫元基金未与永泰能源就债券兑付达成和解，应鑫元基金——鑫合通 7 号资产管理计划委托人江苏张家港农村商业银行股份有限公司的要求，鑫元基金于 2018 年 8 月 13 日向山西省高级人民法院提起诉讼并申请财产保全。

| 裁判结果 | 一审判决：（1）永泰能源股份有限公司于本判决生效之日起十日内支付鑫元基金管理有限公司鑫元基金——鑫合通 7 号资产管理计划持有的 2017 年度第五期短期融资券本金 200000000 元、利息 14000000 元；（2）永泰能源股份有限公司于本判决生效之日起十日内支付鑫元基金管理有限公司鑫元基金——鑫合通 7 号资产管理计划违约金，以 214000000 元为基数，自 2018 年 8 月 28 日起至实际清偿之日止按每日 0.21‰计算；（3）驳回鑫元基金管理有限公司的其他诉讼请求。二审裁判：驳回上诉，维持原判。

| 裁判理由 | 本案的争议焦点为：（1）原告的主体资格；（2）违约金的计算及起算期限。

（1）关于原告的主体资格。《证券投资基金法》第五条规定：基金财产的债务由基金财产本身承担，基金份额持有人以其出资为限对基金财产的债务承担责任。但基金合同依照本法另有约定的，从其约定。基金财产独立于基金管理人、基金托管人的固有财产。基金管理人、基金托管人不得将基金财产归入其固有财产。基金管理人、基金托管人因基金财产的管理、运用或者其他情形而取得的财产和收益，归入基金财产。基金管理人、基金托管人因依法解散、被依法撤销或者被依法宣告破产等原因进行清算的，基金财产不属于其清算财产。本案所涉鑫元基金—鑫合通 7 号资产管理计划是根据江苏张家港农村商业银行股份有限公司的委托，由鑫元基金对委托人委托设立的基金财产独立管理的需要而设立，江苏张家港农村商业银行股份有限公司与鑫元基金构成信托法律关系，鑫元基金独立管理委托人的基金财产。银行间市场清算所股份有限公司债券账户持有明细查询表表明，涉案债券登记持有人为：鑫元基金管理的鑫元基金—鑫合通 7 号资产管理计划。《证券投资基金法》第十九条（十一）项规定，公开募集基金的基金管理人应当履行下列职责：以基金管理人名义，代表基金份额持有人利益行使诉讼权利或者实施其他法律行为。因此，鑫元基金有权提起本案诉讼，是适格的原告。

（2）关于违约金的计算及起算期限。《永泰能源股份有限公司 2017 年度第五期短期融资券募集说明书》系永泰能源作为发行人对 2017 年度第五期短期融资券募集所作出的承诺和说明，当事人应予恪守。该募集说明书提示部分的公告内容表明：发行人及债券持有人须接受募集说明书关于各项权利义务的约定。故该募集说明书对当事人具有约束力。永泰能源对于在涉案债券到期前存在债务违约及在 2018 年 7 月 31 日的第五期短期融资券持有人会议上未能获得持有人关于交叉违约豁免的事实无异议，《永泰能源股份有限公司 2017 年度第五期短期融资券募集说明书》第十一章本期短期融资券投资者保护机制明确：如发行人迟延兑付债券本息的，除支付债券本息外，还需按照拖欠的金额以每日万分之二点一计付违约金。本案中，鑫元基金诉请永泰能源清偿债券本息 2.14 亿元并按照每日万分之二点一计算违约金并无不当，"拖欠的金额"按通常的文义解释，应为本金和利息之和，永泰能源关于支付的违约金应只限于本金部分不应重复支付利息部分的抗辩理由缺乏事实依据，一审法院不予支持。案涉短期融资券期限为 365 天，发行日从 2017 年 8 月 23 日至 25 日，起息日为 2017 年 8 月 25 日，兑付日为 2018 年 8 月 25 日，兑付方式为到期一次还本付息，票面利率采用固定利率方式。《永泰能源股份有限公司 2017 年度第五期短期融资券募集说明书》载明了兑付日如遇法定节假日，则顺延至其后的工作日，2018 年 8 月

25 日系星期六，故实际兑付日应为 2018 年 8 月 27 日，永泰能源关于应于兑付日的次日即 2018 年 8 月 28 日开始支付违约金的抗辩理由有双方确认的事实为依据，且不违反相关法律法规，一审法院予以支持。综上，永泰能源未能如期兑付案涉短期融资债券，已构成违约，《永泰能源股份有限公司 2017 年度第五期短期融资券募集说明书》约定了发行人的违约责任，永泰能源理应按照约定承担相应的违约责任。募集说明书逾期违约金按照每日 0.21‰ 计算过高，应予调整，但该违约金计算在募集说明书的违约责任部分有明确约定，且计算标准并不违反法律法规规定，法院不予支持。

（二）裁判旨要

关于原告的主体资格。公开募集基金的基金管理人有权以其名义，代表基金份额持有人利益行使诉讼权利或者实施其他法律行为。因此，鑫元基金有权提起本案诉讼，是适格的原告。

基金财产是独立于基金管理人、基金托管人的固有财产。基金管理人、基金托管人不得将基金财产归入其固有财产。基金管理人、基金托管人因基金财产的管理、运用或者其他情形而取得的财产和收益，归入基金财产。基金管理人、基金托管人因依法解散、被依法撤销或者被依法宣告破产等原因进行清算的，基金财产不属于其清算财产。

关于违约金的计算及起算时间。以募集说明书或债券认购协议等合同约定为主，通过确认发行人和持有人的真实意思表示及实际违约情形，通过文义解释认定发行人和持有人之间的约定，确认违约金或利息的数额。

（三）律师评析

1. 关于公司债券交易纠纷中的主体适格问题

在公司债券交易纠纷中，起诉的原告应为债券持有人，被告应为债券发行人。另根据《公司债券发行与管理办法》，对于公开发行的债券，债券受托管理人也可以接受全部或部分债券持有人的委托，以自己的名义代表债券持有人提起民事诉讼。归纳来说，可提起债券违约诉讼的主体主要包括三种类型，即债券持有人、资产管理人及受托管理人。

在司法实践中，最常见的是债券持有人直接提起诉讼的情况。债券持有人与发行人之间权利义务关系受到募集说明书或债券认购协议等合同的约束，债券持有人是债券发行行为中的一方当事人，当发行人出现债券违约行为时，持有人作为合同一方有权直接提起债券违约诉讼。

第二种是资产管理人作为适格主体有权提起债券诉讼。债券市场中的资产管理人一般通过其所管理的信托或基金等工具投资并持有发行人的债券。最新发布的《资管新规》中也明确资产管理人具有独立管理和运用委托财产投资权利，并可以自己名义代表投资者行使诉讼权利或者实施其他法律行为。在司法实践中也有资产管理人以其名义提起债券违约诉讼的相应判例。如鼎晖投资咨询新加坡有限公司与山东山水水泥集团有限公司公司债券交易纠纷案〔（2016）鲁01民初2045号〕，资产管理人鼎晖公司通过其管理的鼎晖稳健收益基金从二级市场购买发行人山水公司债券，其后发行人山水公司未能支付到期债券本息构成违约，鼎晖公司以资产管理人身份向法院提起债券违约诉讼并获得胜诉判决。

第三种是在接受债券持有人的全部或部分委托后，受托管理人可以以自己名义提起民事诉讼。依据《公司债券发行与交易管理办法》的规定，债券的受托管理人在发行人不能偿还债务时，可以接受全部或部分持有人的委托，以自己名义代表持有人提起民事诉讼。根据统计，司法实践中目前这类案例相对较少，绝大多数是以持有人自己的名义向法院起诉。

无论诉讼主体是债券持有人还是资产管理人，在法庭审理中，皆需要对证券持有人的身份进行举证。证据材料内容主要是认购款支付凭证和债券登记结算机构出具的持仓证明。债券登记结算机构出具的证明材料是认定债券持有人的重要证据。

2. 关于违约金的计算及起算期限的问题

在处理债券违约诉讼过程中，对于诉讼主体双方基于违约金及利息计算的争议，法院裁判宗旨是以募集说明书或债券认购协议等合同约定为主，通过确认发行人和持有人的真实意思表示及实际违约情形，确认违约金或利息的数额。

关于违约金、利息计算的时间及计算基数。法院对于该类争议通过文义解释来推敲发行人和持有人之间的约定。就本案而言，对于"拖欠的金额"的文义解释为本金和利息之和，就此认定永泰能源关于支付的违约金应只限于本金部分不应重复支付利息部分的抗辩理由缺乏事实依据，一审法院不予支持。法院通常观点认为违约金和逾期利息不属于同一法律概念，有关于利息的约定并不影响违约金的计算。

不仅是此案，在博时基金管理有限公司与山东山水水泥集团有限公司证券纠纷案〔（2016）粤03民初625号〕中，对于能否以逾期支付的期内利息为基数计算违约金的问题，法院认为，募集说明书第十章中"发行人违约责任"部分第一款中约定："发行人如未履行超短期融资券还本付息义务……则按逾期金额每日0.21‰承担违约责任"，对该条款进行文义解释，结合前后文可以明确知晓"逾期金额"是指包括本金及利息在内的金额总和。根据前述，总结实践中司法裁判标准即根据募集说明书等合同条款根据文义解释进行分析判断。

对于债券到期问题，常见于募集说明书中的"交叉违约"或"预期违约"条款的约定。该条款的约定意在设置对投资者的特殊保护机制，使投资者能够在债券出现违约前预知发行人的偿付能力，从而使自己不至于比其他的债权人处于更加不利的位置，及早作出反应，保护自身利益。本案涉及的募集说明书第十一章本期短期融资券投资者保护机制明确：如发行人迟延兑付债券本息的，除支付债券本息外，还需按照拖欠的金额以每日0.21‰计付违约金。发行人如未能清偿其他任意到期债务金额达到或超过1亿元的，构成交叉违约。对于像上述募集说明书中明确约定有交叉违约条款的，并且债券发行人已发生实质性违约行为的或者以公告等形式表示其履行不能，法院倾向于支持债权持有人的诉讼请求。

如果募集说明书中没有明确约定"预期违约"条款，债券持有人是否可以仅以《合同法》"预期违约"作为依据向债券发行人主张违约责任？《合同法》第一百零八条规定："当事人一方明确表示或者以自己的行为表明不履行合同义务的，对方可以在履行期届满之前要求其承担违约责任。"经过案例检索我们看到在多数情况下，法院未支持债券持有人"预期违约"的主张。如在宝钢集团财务有限责任公司与保定天威集团有限公司其他证券纠纷案〔（2015）浦民六（商）初字第4310号〕中，法院认为："保定天威虽对其他债权存在违约行为，但每一项债权的发行和兑付均系独立履约行为，且本案债权一直保持按期兑付利息，无法构成预期违约的要件。"但确实亦有一些主张"预期违约"的公司债券交易纠纷案件得到法院的支持，但该类案件的关键要素在于债券持有人需要证明发行人的行为已经达到不能履约的程度。如在中国城市建设控股集团有限公司与景顺长城基金管理有限公司公司债券交易纠纷案〔（2018）沪02民终3136号〕中，法院认定："负有先履行债务的当事人能够证明对方存在经营状况严重恶化、可能丧失履行债务能力的，可以中止履行并及时通知对方，对方在合理期限内未恢复履行能力并且未提供适当担保的，中止履行的一方可以解除合同；当事人一方延迟履行债务或者有其他违约行为致使不能实现合同目的，当事人亦可以解除合同。"

实践中交叉违约条款触发后的求偿仍具有不确定性。交叉违约触发后，要先召开持有人会议决定是否对发行人进行豁免。在本案中的相应条款表现为："如出现交叉违约情形，债务融资工具持有人有权对'有条件豁免违反约定，即如果发行人采取了对本期债务融资工具增加担保的救济方案，并在 45 个工作日内完成相关法律手续的，则豁免违反约定'的处理方案进行表决，如发行人未获得豁免，则本期债务融资工具本息应在持有人会议召开日的次一日立即到期兑付。"这种设定主要旨在为债券发行人再提供一次自我救济的机会，对那些因为短期流动性问题或突发因素导致的交叉违约，发行人可提出追加担保等救济措施并争取投资者的同意，为自己赢得宽限时间。[14]

另外需要提到的是，在公司债券违约诉讼中，发行人普遍提出违约金约定过高的主张，对于守约方的损失的认定裁判亦是该类案件的审理重点。对此，法院通常的裁判标准为持有人遭受的损失为发行人因未归还的本息对持有人造成的资金占用损失。

（四）相关法条及司法解释

《中华人民共和国证券投资基金法》

第五条 基金财产的债务由基金财产本身承担，基金份额持有人以其出资为限对基金财产的债务承担责任。但基金合同依照本法另有约定的，从其约定。

基金财产独立于基金管理人、基金托管人的固有财产。基金管理人、基金托管人不得将基金财产归入其固有财产。

基金管理人、基金托管人因基金财产的管理、运用或者其他情形而取得的财产和收益，归入基金财产。

基金管理人、基金托管人因依法解散、被依法撤销或者被依法宣告破产等原因进行清算的，基金财产不属于其清算财产。

第十九条 公开募集基金的基金管理人应当履行下列职责：……（十一）以基金管理人名义，代表基金份额持有人利益行使诉讼权利或者实施其他法律行为。

---

[14] 闫维博：《债券交叉违约条款：溯源、演化及保护功能优化》，载《南方金融》2019 年第 4 期。

《中华人民共和国民法典》

第五百七十八条　当事人一方明确表示或者以自己的行为表明不履行合同义务的，对方可以在履行期限届满前请求其承担违约责任。

第五百八十五条　当事人可以约定一方违约时应当根据违约情况向对方支付一定数额的违约金，也可以约定因违约产生的损失赔偿额的计算方法。

约定的违约金低于造成的损失的，人民法院或者仲裁机构可以根据当事人的请求予以增加；约定的违约金过分高于造成的损失的，人民法院或者仲裁机构可以根据当事人的请求予以适当减少。

当事人就迟延履行约定违约金的，违约方支付违约金后，还应当履行债务。

《最高人民法院关于适用〈中华人民共和国公司法〉若干问题的规定（三）》

第二十九条删除，新规定已无该条规定。

五、证券营业部委托人签订委托购买国债协议应具备相应的主体资格

（一）典型案例

☞ **山西华康信托投资有限责任公司交易营业部与中国烟草总公司**
山西省公司委托购买国债纠纷上诉案[15]

【关键词】国债交易　非法融资　人格混同

｜基本案情｜ 原告：山西华康信托投资有限责任公司证券交易营业部，负责人：林维晋；被告：中国烟草总公司山西省公司，法定代表人：姜玉麟。

原告山西华康信托投资有限责任公司证券交易营业部为与被告中国烟草总公司山西省公司委托购买国债纠纷一案，不服山西省高级人民法院（2001）晋民一初字第 14 号民事判决，向最高人民法院提起上诉。

1998 年 2 月 20 日，中国烟草总公司山西省公司（以下简称烟草公司）委托山西华康信托投资有限责任公司证券交易营业部（以下简称"证券营业部"）购买国债。烟草公司按证券营业部的要求将 1342 万元人民币转入证券营业部指

----

〔15〕　最高人民法院（2001）民二终字第 158 号。

定的账户，随后证券营业部出具了收款收据。同月 23 日，证券营业部代理烟草公司买入 96 国债（3）1 万手；次日向烟草公司出具了国债成交过户交割单。1999 年 3 月 10 日该期国债到期，证券营业部兑付给烟草公司到期本息 1435 万元，并出具了利息清单。

1999 年 3 月 12 日，烟草公司委托证券营业部购买 96 国债（8）1 万手，计款 1204.7 万元，证券营业部收取佣金 24094 元，并将烟草公司前次购买国债兑付的剩余款项 22.78906 万元转到该账户内。三日后，证券营业部向烟草公司出具了该笔国债成交过户交割单，同年 11 月，该部又向烟草公司支付了该笔国债的当年利息 85.6 万元。2000 年 8 月，烟草公司要求证券营业部代理卖出上述国债并提取全部保证金时，证券营业部拒付，遂酿成纠纷。烟草公司诉至山西省高级人民法院，请求判令证券营业部支付保证金 1204.7 万元及相应利息，赔偿经济损失，并承担本案诉讼费用。另外，2000 年 8 月，中国人民银行天津分行发布公告，决定撤销山西华康信托投资有限责任公司（以下简称华康公司），同时交通银行成立清算组对该公司进行清算；其间，证券营业部由海通证券有限公司托管，业务照常经营。

┃裁判结果┃ 山西省高级人民法院判决：（1）证券营业部支付烟草公司保证金 1204.7 万元；（2）证券营业部支付烟草公司 96 国债（8）2000 年利息 85.6 万元；（3）证券营业部赔付烟草公司自 2000 年 11 月 1 日至 2001 年 7 月 31 日的经济损失 203293.12 元。上述一、二、三项判决，在该判决生效 10 日内，由证券营业部向烟草公司一次性履行完毕。一审案件受理费 70235 元，由证券营业部负担。

最高人民法院判决：（1）维持山西省高级人民法院（2001）晋民一初字第 14 号民事判决主文第一项。（2）变更山西省高级人民法院（2001）晋民一初字第 14 号民事判决主文第二、三项为：山西华康信托投资有限责任公司证券交易营业部偿付中国烟草总公司山西省公司上述第一判项相应的利息损失（自 1999 年 11 月起至实际给付之日止，利息比照双方所签订的上述协议书约定的年利率 8.56% 计付）。

┃裁判理由┃ 山西省高级人民法院经审理认为：证券营业部具有诉讼主体资格，无须变更为清算组。《证券法》第一百二十三条规定，设立或撤销证券公司分支机构，需报请证券监管机构批准。现证券营业部还正常营业，也未提供报请及批准撤销的手续，说明其权利能力和行为能力仍然存在。那么，该权利能力和行为能力在法律上何时终止呢？

最高人民法院法经（2000）24 号《关于企业法人营业执照被吊销后，其民事诉讼地位如何确定的请示复函》指出："企业法人被吊销营业执照后，应当依法进行清算，清算程序结束并办理工商注销登记后，企业法人才归于消灭。因此，企业法人被吊销营业执照后至被注销登记前，该企业法人仍应视为存续，可以自己的名义进行诉讼活动。"证券营业部虽然不是企业法人，但领取了营业执照，根据《最高人民法院关于适用〈中华人民共和国民事诉讼法〉若干问题的意见》第四十条第一款第（五）项的规定，领取营业执照的分支机构可作为诉讼主体参加诉讼，其主体资格的丧失，亦应在被注销之后，故证券营业部请求更换为清算组参加诉讼的主张，没有法律依据。烟草公司转入证券营业部的资金是客户保证金，而不属于债权人申报登记的范畴。所谓客户保证金，是指投资人为在证券二级市场上进行证券交易，用于购买股票、国债、企业债券和基金，而转入证券营业机构的款项。证券营业部未履行告知义务，烟草公司未开户。证券营业部与烟草公司签订了协议书，利用的是证券营业部的债券专用账户，是协商一致的结果，符合国债的特点，不存在高息之说。再从烟草公司与证券营业部的意思表示及行为来看，第一次买卖 96 国债（3）的完成，就标志着双方之间形成了委托与代理的法律关系。第二次购买 96 国债（8）是在完成第一次 96 国债（3）的基础上进行的，充分说明烟草公司的动机为购买国债，证券营业部是以代理烟草公司之目的而为。至 2000 年 8 月前，证券营业部并未提及交割单有假。即使交割单是假的，作为开户人的密码，他人是不知晓和打不出来的。因此，不是烟草公司做得假。证券营业部以烟草公司未开户，交割单有假，来否认委托与代理法律关系的存在理由，该院不予采纳。在证券二级市场上，因 96 国债（8）登记日为 2000 年 10 月 30 日，派息日为 11 月 1 日，故证券营业部应向烟草公司支付当年国债利息 85.6 万元。之后至目前的 9 个月，因不到股权登记日和派息日，故不应按本期国债利息计算。但从 2000 年 11 月 1 日至今，证券营业部因未能及时支付烟草公司保证金，其迟延行为给烟草公司造成了一定的经济损失，应给予相应的赔偿。

最高人民法院认为：证券营业部与烟草公司签订了协议书，对委托买卖国债作了详尽的约定；在实际履行过程中，烟草公司实施了委托行为，证券营业部亦出具了收款收据、过户交割单并支付了到期本息；证券营业部在第二次接受委托时还收取了烟草公司给付的 24094 元的佣金。因此，本案性质是委托代理购买国债纠纷，并非一般债权债务纠纷，不应中止审理，原审判决对本案的定性是正确的。烟草公司交付给证券营业部的 1204.7 万元属于购买国债的专用款项，上诉人证券营业部以烟草公司使用的账户属于该营业部自营账户，而非烟草公司以其自己名义开立的证券账户和资金账户为由，推断烟草公司购买国债款并非客户保证金，与事实不符，法院不予支持。证券营业部领取了具有代理发行、买卖各种有价证券、证券代保管业务范围的营业执照，亦拥有中国证监会颁发的证券经营机构营业许可证，其与烟草公司签订委托购买国债协议具备相应的主体资格。该委托协议系双方真实意思表示，内容符合国家财政部发行有关国债的规定，应认定合法有效。证券营业部收取了烟草公司的款项后，并未实际履行代理购买国债的义务，而是挪作他用，属违约行为，依照《合同法》第一百一十三条之规定，应当承担违约责任。另外，证券营业部在其上级山西华康信托投资有限责任公司被中国人民银行依法公告撤销后，仍被允许继续经营，依据最高人民法院法函（1997）98 号《关于领取营业执照的证券公司营业部是否具有民事诉讼主体资格的复函》的规定，该营业部仍可以作为民事诉讼当事人参与诉讼，故证券营业部无须变更为山西华康信托投资有限责任公司清算组。

（二）裁判旨要

企业法人被吊销营业执照后至被注销登记前，该企业法人仍应视为存续，可以自己的名义进行诉讼活动，具有诉讼主体资格。

委托人与受托人签订了协议书，对委托买卖国债作了详尽的约定；在实际履行过程中，委托人实施了委托行为，受托人出具了收款收据、过户割单，支付了到期本息，并收取了委托人给付的佣金。综上，可以认定案件性质是委托代理购买国债纠纷。证券营业部领取了具有代理发行、买卖各种有价证券、证券代保管业务范围的营业执照，亦拥有中国证监会颁发的证券经营机构营业许可证，其与委托人签订委托购买国债协议具备相应的主体资格。该委托协议系双方真实意思表示，内容符合国家财政部发行有关国债的规定，该协议应认定为合法有效。

（三）律师评析

就本案而言，涉及的争议问题有如下几个：一是本案定性是否为购买国债的委托代理关系；二是烟草公司交付给证券营业部的款项是否应当认定为购买国债的专用款项；三是关于证券营业部违约责任的承担。

1. 关于法律性质的界定问题

委托理财类的委托代理法律关系主要构成内容是委托人与受托人双方订立委托合同约定，由受托人在一定期限内代为管理，投资证券、期货、国债市场，并向委托人按期支付一定比例的收益资产的合同行为。法院认定是否属于委托代理购买国债纠纷的标准为：委托购买国债的委托人和受托人双方是否基于真实意思表示，并针对该意思表示付诸了一致性的民事法律行为。就本案而言，烟草公司与证券公司订立协议后将 1342 万元人民币转入证券营业部指定的账户，证券营业部出具了收款收据。在随后的两次购买国债行为中，证券公司均履行了到期兑付义务并收取了相应佣金。烟草公司以往购买国债的行为表明，烟草公司的动机为购买国债，证券公司对于该委托代理事项已经实际履行，且在前两次履行过程中均未提出异议。由此认定本案性质为委托代理购买国债的法律关系。[16]

2. 关于保证金的认定问题

投资人在购买记账式国债前需要在所选的证券公司开设国债专用账户或证券账户，同时开通保证金账户，待预先存入保证金之后，通过交易系统即可认购国债。而保证金本质是一种以资金为表现形式的信用担保。实际上是客户向证券商承诺其拥有足以供证券商代理其买卖证券的资金实力，并且由其在该保证金范围内承担因其指定交易而产生的不利后果。实际交易中，客户的保证金账户不能与证券公司的自营账户发生混同，客户委托资产亦不能挪作他用。本案中，烟草公司是应证券营业部要求将款项打入证券营业部指定债券专用账户，属于双方协商一致的结果，该笔款项性质仍为客户保证金。[17]

3. 关于违约责任的承担

在证券类交易纠纷中，因受托人处于信息优势地位，对于举证责任分配施行举证责任倒置，由受托人对其进行资产投资管理中不存在过错、其过错与委托资产损失之间不存在因果关系承担举证责任。本案中证券营业部无法就前两次国债交易为虚假交易进行举证证明，其将客户委托资金挪作他用存在过错，应当承担违约责任。根据《合同法》第一百一十三条，损失赔偿额应当与因违

---

[16] 林月芳：《证券公司客户资产管理业务的法律关系探析》，载《南方金融》2005 年第 5 期。

[17] 高民尚：《审理证券、期货、国债市场中委托理财案件的若干法律问题》，载《人民司法》2006 年第 6 期。

约所造成的损失相当，包括合同履行后可获得的预期利益，但不得超过合同订立时可预见因违反合同可能造成的损失。就此，根据委托购买国债协议书中约定的可获得利息的年利率作为烟草公司利息损失的认定标准较为合理。

（四）相关法条及司法解释

《中华人民共和国民法典》

第五百八十四条　当事人一方不履行合同义务或者履行合同义务不符合约定，造成对方损失的，损失赔偿额应当相当于因违约所造成的损失，包括合同履行后可以获得的利益；但是，不得超过违约一方订立合同时预见到或者应当预见到的因违约可能造成的损失。

《中华人民共和国证券法》

第一百一十八条　设立证券公司，应当具备下列条件，并经国务院证券监督管理机构批准：

（一）有符合法律、行政法规规定的公司章程；

（二）主要股东及公司的实际控制人具有良好的财务状况和诚信记录，最近三年无重大违法违规记录；

（三）有符合本法规定的公司注册资本；

（四）董事、监事、高级管理人员、从业人员符合本法规定的条件；

（五）有完善的风险管理与内部控制制度；

（六）有合格的经营场所、业务设施和信息技术系统；

（七）法律、行政法规和经国务院批准的国务院证券监督管理机构规定的其他条件。

未经国务院证券监督管理机构批准，任何单位和个人不得以证券公司名义开展证券业务活动。

《最高人民法院关于企业法人营业执照被吊销后，其民事诉讼地位如何确定的复函》

……企业法人被吊销营业执照后，应当依法进行清算，清算程序结束并办理工商注销登记后，该企业法人才归于消灭……

第三章　金融衍生品种交易纠纷

一、金融衍生品种交易纠纷概述

什么是金融衍生品？"金融衍生品"一词由美国纽约州联邦法院首先使用，是指相关的金融派生产品，其价格在基础产品和基础变量上，随着基础金融产品的价格（或数值）产生变动。[1] 中国银行业监督管理委员会令 2011 年第 1 号——《银行业金融机构衍生产品交易业务管理暂行办法》中规定，衍生产品是一种金融合约，其价值取决于一种或多种基础资产或指数，合约的基本种类包括远期、期货、掉期（互换）和期权。衍生产品还包括具有远期、期货、掉期（互换）和期权中一种或多种特征的混合金融工具。中国证券业协会 2013 年发布的《证券公司金融衍生品柜台交易业务规范》第二条规定："本规范所称的金融衍生品是指远期、互换、期权等价值取决于股权、债权、信用、基金、利率、汇率、指数、期货等标的物的金融协议，以及其中一种或多种产品的组合。"总体来看，我国金融衍生品主要分为四大类，即债券类、利率类、信用类和外汇类。

从法律层面上分析，金融衍生产品是一种金融合约或金融协议，也就是说，在合同法意义上，金融衍生产品本质上是交易各方当事人达成一种合意，在意思表示一致的基础上达成的一个金融证券商事合同。但是又与传统意义上的合同有所不同，金融合约（金融协议）是具有交易转让价值的。金融衍生品的价值取决于其基础资产，尽管《证券公司金融衍生品柜台交易业务规范》将股权、债权、信用、基金、利率、汇率、指数等基础资产定义为金融衍生产品的"标

---

[1]　赵姿昂：《论我国场外金融衍生品交易担保制度的创设及完善》，载《金融发展研究》2018 年第 8 期。

的物"，但作为基础资产的股权、债权、信用、基金、利率、汇率、指数并不是金融衍生产品交易双方当事人履行交易项下义务的标的本身，其本身具有浮动、不确定性的特点。

随着中国金融市场的进一步发展，金融衍生产品交易的数量及规模不断扩大，新的交易类型及产品种类层出不穷，与金融衍生产品交易相关的监管规则进一步细化，与金融衍生产品交易相关的纠纷也不断出现。但在法律监督层面，我国对于金融衍生品的交易监管仍停留在政策层面，尚缺少完备和系统的相关规定。目前，我国场外金融衍生品交易担保的法律规定主要体现在《证券法》《合同法》《民法总则》《公司法》等法律法规以及相关的司法解释中。由于复杂金融衍生品具有其自身的特殊性及复杂性，普通投资者在与金融机构发生涉及此类金融产品的纠纷时，通常处于被动、不利的位置，遵循司法诉讼路径维权的成本很高。下文将通过几个案例来对金融衍生品交易纠纷中的常见法律问题进行简单探讨。

二、依合同判断是委托关系还是金融衍生品种交易法律关系

合同表述中虽然多次出现"委托"一词，但是合同约定的内容符合中国银行业监督管理委员会《银行业金融机构衍生产品交易业务管理暂行办法》第三条关于"本办法所称衍生产品是一种金融合约，其价值取决于一种或多种基础资产或指数"的规定的，属于金融衍生品种交易法律关系。

（一）典型案例

☞ 绍兴市福禅家纺有限公司诉中国农业银行股份有限公司绍兴柯桥支行、中国农业银行股份有限公司绍兴分行金融衍生品种交易纠纷案[2]

【关键词】 金融衍生品　期权　提前终止　平盘

|**基本案情**| 上诉人（一审原告、反诉被告）：绍兴市福禅家纺有限公司，法定代表人：杨来荣；上诉人（一审被告、反诉原告）：中国农业银行股份有限公司绍兴柯桥支行，负责人：陈军；上诉人（一审被告、反诉原告）：中国农业

----
[2] 浙江省高级人民法院（2016）浙民终339号。

银行股份有限公司绍兴分行，负责人：孙宏卫。

一审法院经审理查明：2007 年 9 月 7 日，原告绍兴市福禅家纺有限公司（以下简称福禅公司）与被告中国农业银行股份有限公司绍兴柯桥支行（以下简称农行柯桥支行）、中国农业银行股份有限公司绍兴分行（以下简称农行绍兴分行）分别签订《代客外汇理财业务总协议》，约定由原告委托被告办理代客外汇理财业务（包括超远期外汇买卖等）。《协议》第四条约定：被告将根据原告所从事具体产品的风险度向原告收取一定比例的履约保证金。《协议》第六条约定：双方一致同意可提前终止本协议项下交易。《协议》第十二条约定：若协议一方要求终止本协议，须提前 30 个工作日书面通知协议另一方。被告将双方之间未到期的交易按终止通知书送达日的市价平盘，并与原告就由此产生的损益进行资金清算。所有未到期交易的资金清算结束日为本协议终止日。

根据前述《协议》，原告于 2007 年 9 月 10 日向被告提交了《代客外汇理财业务交易委托书》（期权类产品）一份（业务编号为 CAFW07023），委托被告进行超远期日元外汇买卖。该委托书载明：原告在被告处存入交易保证金 2350 万元人民币；理财交易期限为 10 年，共 41 个交割日；每三个月交割一次，并对交割汇率及金额作了规定，同时约定从第 5 次（含）开始，银行有权取消该交易。后原告缴纳了该委托书项下的交易保证金 2350 万元人民币。

2008 年 1 月 9 日，原告向被告提交《代客外汇理财业务交易委托书》（期权类产品）一份（业务编号为 CAFW08003），委托被告进行超远期日元外汇买卖。该委托书载明：原告在被告处存入交易保证金 455 万元人民币；理财交易期限为 10 年，共 41 个交割日，即每年的 1 月 31 日、4 月 30 日、7 月 31 日和 10 月 31 日；每三个月交割一次，客户卖出日元买入美元；交割汇率及金额为：如果 USD/JPY≥84，则交割汇率为 60，客户买入美元金额为 50 万元；如果 USD/JPY<84，则交割汇率 = [交易日当天市场即期汇率×99.80/（交割日前五日市场即期汇率 + 10）]（客户交割汇率最高为 200），客户买入美元金额为 100 万元；从 2009 年 1 月 31 日（含）开始银行有权取消该交易。后原告于 2008 年 1 月 10 日交纳前述委托书项下的交易保证金 455 万元人民币。

上述业务编号为 CAFW07023 的外汇买卖从 2007 年 9 月 20 日至 2013 年 9 月 22 日实际已经交割了 25 期，其中第 14—25 期中的亏损均由被告垫付，盈利由被告收取，被告实际垫款 4486178.80 美元。上述业务编号为 CAFW08003 的外汇买卖 2008 年 1 月 31 日至 2013 年 10 月 31 日实际已经交割了 24 期，其中第 13—24 期中的亏损均由被告垫付，盈利由被告收取，被告实际垫款

3576478.91 美元。

2010 年 10 月、12 月，原告两次向被告发函要求解除《代客外汇理财业务总协议》。2010 年 12 月 23 日，被告向原告回函称，原告单方要求解除总协议不符合双方约定，即使原告的函件也表达了终止协议的意思表示，根据《代客外汇理财业务总协议》第十二条关于终止协议的相关要求，需进行平盘处理，若被告采取终止协议项下的有关交易并要求原告对未到期的交易按照市场价值进行清偿，原告损失较大，故要求原告继续履行协议。

2011 年 11 月 11 日、2012 年 11 月 12 日、2013 年 11 月 13 日，被告三次向原告送达了《超远期外汇买卖垫款催收通知》，要求原告支付涉案两笔超远期外汇买卖业务项下的垫款，并要求原告继续履行业务。2013 年 12 月 20 日、2014 年 1 月 26 日，被告分两次向原告送达了《代客外汇理财业务提前终止通知书》，认为原告在编号为 CAFW07023、CAFW08003 的两笔超远期外汇买卖业务各有 12 次交割没有履行，导致被告垫款，通知原告上述两笔业务不再进行交易交割，并要求原告尽快归还相应垫款。2014 年 4 月 1 日，原告向被告邮寄了《要求平盘结算通知书》，要求被告对双方未到期的交易按照《代客外汇理财业务提前终止通知书》送达日的市场价格进行平盘结算，并将相关款项存入原告账户。

后原告福禅公司向浙江省绍兴市中级人民法院提起诉讼。请求：（1）判令被告返还原告交易保证金人民币 2805 万元，并赔偿以上款项自交纳之日起到实际返还之日止按中国人民银行同期贷款利率计算的利息损失。（2）诉讼费用由两被告承担。农行柯桥支行、农行绍兴分行反诉并请求法院：（1）判决反诉被告立即向反诉原告支付承担交易损失 3585031.91 美元（已扣除保证金 2805 万元人民币）并承担相应的利息损失。（2）诉讼费用由反诉被告承担。

裁判结果 一审法院判决：（1）驳回福禅公司的诉讼请求；（2）福禅公司向农行柯桥支行、农行绍兴分行支付交易损失 645003.74 美元，并支付该款从 2014 年 1 月 26 日起至上述款项付清日止的利息（以 2014 年 1 月 26 日中国人民银行公布的美元对人民币汇率中间价将上述美元换算成人民币，按中国人民银行同期人民币贷款基准利率计算）；（3）驳回农行柯桥支行、农行绍兴分行的其他反诉请求。如果未按判决第二项指定的期间履行给付金钱义务，应当依照《民事诉讼法》第二百五十三条之规定，加倍支付迟延履行期间的债务利息。

福禅公司和农行柯桥支行、农行绍兴分行均不服一审判决，分别向浙江省高级人民法院提出上诉。二审判决驳回上诉，维持原判。

裁判理由 根据双方上诉的事实、请求、理由以及答辩的意见，二审法院认为本案的争议焦点主要为：第一，双方当事人属于委托理财关系还是金融衍生品交易法律关系；第二，双方对未到期的交易是否有解除权；第三，农行柯桥支行、农行绍兴分行在合同履行过程中是否存在过错，双方对涉案交易损失各自应承担什么责任。法院对争议焦点评析如下：

（1）双方当事人属于委托理财关系还是金融衍生品交易法律关系

确定合同性质，应该依合同约定的权利义务内容进行判断。本案中，《代客外汇理财业务总协议》和《代客外汇理财业务交易委托书》虽多次出现"代客""委托"等字眼，但合同约定的内容为远期外汇买卖、择期外汇买卖、超期外汇买卖等金融产品的交易或其组合交易，其主要的权利义务是当合同约定的日元与美元汇率符合特定条件时，买入美元/卖出日元，该约定符合中国银行业监督管理委员会《金融机构衍生产品交易业务管理暂行办法》第三条相关规定，属于金融衍生产品交易。此外，双方之间存在直接交易关系，例如《代客外汇理财业务总协议》5.2条，"……违约方应补偿另一方违约而导致的损失及费用，未违约方拥有抵消和继续追索的权利"，又如《代客外汇理财业务交易委托书》约定银行有权取消交易等，均是直接以对方为交易对象，这一特征与委托他人代为处理本人事务的委托合同不符，故一审法院认定双方当事人间存在金融衍生品交易法律关系，并无不当。关于在业务编号为CAFW07023的外汇买卖"第14—25"期和业务编号为CAFW08003的外汇买卖"第13—24"期中的亏损，使用"垫付"一词，并不能改变合同的性质，对于福禅公司关于双方之间系委托理财关系的辩称，不予采信。

（2）双方对未到期的交易是否有解除权

金融衍生品交易中，买方支付了相应的期权费用，则期权产品的卖方在约定时间内无单方解除权。本案中，虽合同条款并未明确约定期权费用，但双方约定农行柯桥支行、农行绍兴分行从第5次（含）交易开始方才有取消权。在合同签订时，美元与日元的汇率远高于福禅公司可盈利的汇率，福禅公司通过前四次交易，获得了400余万美元的收益，一审法院据此认定农行柯桥支行、农行绍兴分行通过前四次交易，以明显让利的方式，替代性支付期权费用，并无不当。由于农行柯桥支行、农行绍兴分行已经支付期权费，故福禅公司无单方解除权。根据《代客外汇理财业务总协议》第十二条约定，福禅公司若要解除总协议，需经双方协商并经平盘清算。由于平盘清算造成福禅公司损失巨大，双方在福禅公司于2010年10月21日发出《关于解除〈代客外汇理财业务总协议〉及〈代客外汇理财业务交易委托书〉的通知函》后，并未实际进行平盘清算。故对于福禅公司认为农行柯桥支行、农行绍兴分行未支付期权费,《代客外汇理财业务总协议》在其发出解除函后已终止的诉称,不予采信。

根据期权类产品属性,农行柯桥支行、农行绍兴分行对于交易有选择是否买入或者卖出的权利,福禅公司出具的《代客外汇理财业务交易委托书》也载明,农行柯桥支行、农行绍兴分行从第 5 次(含)开始有权取消该交易。在业务编号为 CAFW07023 的外汇买卖实际交割了 25 期,业务编号为 CAFW08003 的外汇买卖实际交割了 24 期,均已超过 5 期后,农行绍兴分行于 2013 年 12 月 19 日、2014 年 1 月 23 日发出的关于涉案两笔超远期外汇买卖业务提前停止通知书,应视为其行使了取消交易的权利,对此后的所有未执行的交易,不再履行,且无须进行平盘清算。对于福禅公司关于农行柯桥支行、农行绍兴分行没有单方解除权的辩称,不予采信。

(3)农行柯桥支行、农行绍兴分行在合同履行过程中是否存在过错,双方对涉案交易损失各自应承担什么责任

涉案超远期外汇买卖业务具有高风险性,根据《金融机构衍生产品交易业务管理暂行办法》等相关规定,金融机构开展此类业务必须要有实际的外汇需求,以对冲外汇风险为目的,还要有相应的风险提示等。福禅公司作为外商独资企业,对外汇的风险有一定的认知,但本案的交易却超出了企业的实际外汇需求,也有违此类交易的目的,农行柯桥支行、农行绍兴分行在推行该项业务过程中,具有一定的盲目性。此外,在风险提示方面,也没有进行充分的披露,在合同文本的设置上,使用了"代客""委托"等字眼,容易误导福禅公司。虽然存在上述情形不会导致涉案金融衍生品交易合同无效,但可以认定农行柯桥支行、农行绍兴分行在交易过程中存在一定程度过错。对于农行柯桥支行、农行绍兴分行认为其不存在过错的上诉理由,不予支持。本案两笔业务签订于2007 年和 2008 年,交易持续到 2013 年,一审判决说理时援用颁布于 2011 年的《银行业金融机构衍生产品交易业务管理暂行办法》的有关规定,存在瑕疵,予以纠正,但判决系引用《合同法》相关规定作出判决,法律适用并无不当。对于福禅公司和农行柯桥支行、农行绍兴分行关于一审判决法律适用错误的上诉理由,不予采信。

涉案两笔业务的整体损失要低于一审法院认定的损失总额 8062657.71 美元,但此前已由福禅公司收取的盈利部分含有应支付的期权费,且盈利与期权费无法准确区分,故按照农行柯桥支行、农行绍兴分行垫付的金额,作为双方分担的损失金额,亦无不当。一审法院根据农行柯桥支行、农行绍兴分行的过错大

小，酌定其承担损失额的 35% 责任，比例适中，本院予以确认。对于福禅公司认为农行柯桥支行、农行绍兴分行应承担全部责任的上诉理由，不予采信。

综上，法院认为福禅公司与农行柯桥支行、农行绍兴分行签订的《代客外汇理财业务总协议》系真实意思表示，双方均应信守。农行柯桥支行、农行绍兴分行依约履行了自身义务，福禅公司依照合同产生的亏损，按照 65% 的比例，冲抵保证金后，剩余款项 645003.74 美元，亦应向农行柯桥支行、农行绍兴分行支付。一审判决认定事实清楚，适用法律正确。

（二）裁判旨要

对于金融衍生品交易法律关系，应当依据合同约定的权利义务内容进行判断。交易主体在交易过程中存在一定程度过错的情况下需要根据过错大小分担责任。

（三）律师评析

近年来，国内外货币市场波动剧烈，导致场外金融衍生品争议案件频发。本案系典型的涉外类型金融衍生品种交易纠纷，所涉及的相关问题对于此类业务具有很大的参考价值。

结合本案实际情况，客户在购买理财产品或金融衍生品交易中应注意清楚识别产品的性质，不能仅凭合同表述，应当依合同约定的权利义务内容进行判断。本案中，尽管双方的合同中多次出现"委托"一词，但并非合同法意义上的"委托合同"。因为在传统的委托合同关系中，委托方可以随时解除合同，而根据双方协议相关规定，原告并不能随意解除委托。此外，本案合同约定的内容符合中国银行业监督管理委员会《银行业金融机构衍生产品交易业务管理暂行办法》第三条关于"本办法所称衍生产品是一种金融合约，其价值取决于一种或多种基础资产或指数"的规定。综上两点，本案双方当事人之间的法律关系应为金融衍生品种交易法律关系。

另外，金融衍生品交易风险较大。金融机构作为金融服务和格式条款的提供方，在合同的签订及履行过程中应当负有更高的信息披露和风险揭示义务。但在本案中，农行作为金融机构，并没有履行这样的义务。具体表现在：一是合同内容不够完善。二是农行未能证明其向福禅公司进披露和揭示了可能的最差情况。三是农行未向福禅公司提供已交易的衍生产品的市场信息，亦未向福禅公司发布涉案产品的市值评估结果及风险提示等内容。简而言之，如果银行仅通过简单的格式合同举证向其充分揭示风险，司法机关有可能会认为银行对于相关风险揭示不充分，从而认定银行存在过错。

客户也应该要有充分的风险暴露意识，要避免贪小利心理，注意风险，及时退出。

（四）相关法条及司法解释

《中华人民共和国民法典》

第五百零九条 当事人应当按照约定全面履行自己的义务。

当事人应当遵循诚信原则，根据合同的性质、目的和交易习惯履行通知、协助、保密等义务。

当事人在履行合同过程中，应当避免浪费资源、污染环境和破坏生态。

第五百六十八条 当事人互负债务，该债务的标的物种类、品质相同的，任何一方可以将自己的债务与对方的到期债务抵销；但是，根据债务性质、按照当事人约定或者依照法律规定不得抵销的除外。

当事人主张抵销的，应当通知对方。通知自到达对方时生效。抵销不得附条件或者附期限。

第五百七十七条 当事人一方不履行合同义务或者履行合同义务不符合约定的，应当承担继续履行、采取补救措施或者赔偿损失等违约责任。

第五百零九条 当事人应当按照约定全面履行自己的义务。

当事人应当遵循诚信原则，根据合同的性质、目的和交易习惯履行通知、协助、保密等义务。

当事人在履行合同过程中，应当避免浪费资源、污染环境和破坏生态。

三、汇率掉期交易违约责任的认定应遵循交易惯例和诚实信用原则

汇率掉期交易属于场外金融衍生品交易的一种，在合同一方违约导致交易提前终止的情形下，违约责任的认定应以我国《合同法》为基本依据，同时充分遵循金融衍生品交易的国际惯例及金融衍生品交易的自身特性，并以诚实信用原则和商业合理性原则为基础，计算出提前终止款项的相应市场公允价值。

（一）典型案例

☞ **花旗银行（中国）有限公司与樱达生活电器（中山）有限公司、广东樱达电气有限公司、李杰明金融衍生品种交易纠纷案**[3]

【关键词】 违约 中止 连带清偿责任

⎪**基本案情**⎪ 原告：花旗银行（中国）有限公司，法定代表人：欧兆伦；被告：樱达生活电器（中山）有限公司、广东樱达电气有限公司，法定代表人：李杰明。

2012年6月20日，原告与被告樱达生活电器（中山）有限公司签订《衍生交易主协议》及其附件，约定双方按照《衍生交易主协议》的规定进行场外衍生品交易，各方应按交易确认书的规定进行各项付款和交付。《衍生交易主协议》第4.1.5条规定，如果被告樱达生活电器（中山）有限公司有任何与借款有关的债务到期未偿或被宣布提前到期的，则构成《衍生交易主协议》下的终止事件。同时，《衍生交易主协议》第4.2.6（i）条规定，如果原告在任何时候判断存在风险敞口的，有权向被告樱达生活电器（中山）有限公司发送保证金通知，要求被告樱达生活电器（中山）有限公司在规定的时间内向指定账户交付担保品并签署相关的质押协议。如被告樱达生活电器（中山）有限公司未能履行上述义务的，同样构成《衍生交易主协议》下的终止事件。

2012年6月20日，被告广东樱达电气有限公司、李杰明分别向原告出具《保证函》，承诺对被告樱达生活电器（中山）有限公司在《衍生交易主协议》项下或被告樱达生活电器（中山）有限公司依照《衍生交易主协议》向原告支付的全部债务承担连带保证责任。

《衍生交易主协议》签订以后，原告与被告樱达生活电器（中山）有限公司于2014年2月10日达成了结算日分别为2014年10月27日、2014年11月25日、2014年12月23日、2015年1月26日及2015年2月12日的人民币兑换美元远期外汇交易。每笔交易均以被告樱达生活电器（中山）有限公司以6.0630的远期汇率出售美金450万元达成。

自2014年3月14日起，被告樱达生活电器（中山）有限公司负责人去向

〔3〕 上海市浦东新区人民法院（2014）浦民六（商）初字第S3800号。

不明、厂区停产，因此花旗银行（中国）有限公司广州分行于 2014 年 3 月 18 日向被告樱达生活电器（中山）有限公司宣布其与被告樱达生活电器（中山）有限公司签订的融资协议项下的全部贷款立即到期。同时，2014 年 3 月 18 日，原告根据《衍生交易主协议》的约定向被告樱达生活电器（中山）有限公司发出保证金通知，要求被告樱达生活电器（中山）有限公司立即交付所需保证金并签订账户质押协议。但是被告樱达生活电器（中山）有限公司未交付原告要求的保证金款项及签订相关的质押协议。鉴于上述情形均构成了《衍生交易主协议》下的终止事件，原告于 2014 年 3 月 19 日向被告樱达生活电器（中山）有限公司发出提前终止通知，指定 2014 年 3 月 20 日为提前终止所有未完成交易的提前终止日。原告根据《衍生交易主协议》的相关规定计算了关于提前终止日的提前终止款项，并于 2014 年 3 月 24 日通知被告樱达生活电器（中山）有限公司于 2014 年 3 月 27 日前向原告支付提前终止款项人民币 4184550 元。然而，被告樱达生活电器（中山）有限公司至今尚未履行其付款义务，故原告诉至法院，请求判令：（1）被告樱达生活电器（中山）有限公司向原告偿还提前终止款项人民币 4 184 550 元以及至实际清偿之日止的利息（暂算至 2014 年 8 月 31 日的利息为人民币 125 815.47 元，利率按合同约定计）；（2）被告樱达生活电器（中山）有限公司支付原告律师费人民币 25 万元；（3）被告广东樱达电气有限公司、李杰明对被告樱达生活电器（中山）有限公司的上述全部债务承担连带清偿责任；（4）三被告承担本案案件受理费、保全费等全部诉讼费用。

│裁判结果│（1）被告樱达生活电器（中山）有限公司应于本判决生效之日起 10 日内偿还原告花旗银行（中国）有限公司提前终止款项人民币 4184550 元；（2）被告樱达生活电器（中山）有限公司应于本判决生效之日起十日内支付原告花旗银行（中国）有限公司自 2014 年 3 月 20 日起至实际清偿之日止的利息；（3）被告樱达生活电器（中山）有限公司应于本判决生效之日起十日内支付原告花旗银行（中国）有限公司律师费人民币 25 万元；（4）被告广东樱达电气有限公司、李杰明对被告樱达生活电器（中山）有限公司上述第一至三项付款义务承担连带清偿责任，若被告广东樱达电气有限公司、李杰明履行担保责任后，有权向被告樱达生活电器（中山）有限公司追偿。

│裁判理由│ 法院认为，原告与被告樱达生活电器（中山）有限公司、广东樱达电气有限公司、李杰明分别签订的《衍生交易主协议》及其附件、《保证函》均系各方当事人真实意思的表示，内容不违反法律、行政法规的强制性规定，合法有效，当事人理应恪守。现原告已按约履行义务，但被告樱达生活电器（中山）有限公司的行为已构成对其与花旗银行（中国）有限公司广州分行签订的融资协议的违约事实，原告有权根据《衍生交易主协议》的约定向被告樱达生活电器（中山）有限公司发出保证金通知，要求被告樱达生活电器（中山）有限公司在规定时间内交付所需保证金并签订相关的账户质押协议，但被告樱达生活电器（中山）有限公司未交付原告要求的保证金款项并签订相关的质押协议，因此上述情形均构成了《衍生交易主协议》下的终止事件，原告根据《衍生交易主协议》的约定确定提前终止日并要求偿还提前终止款项，具有事实和法律依据，法院予以支持。

本案的焦点问题在于原告主张的提前终止款项应当如何计算。法院认为，本案系汇率掉期合同交易，其法律性质属于金融衍生品交易范畴，因此确定被告樱达生活电器（中山）有限公司应当承担的提前终止款项的具体金额需要恪守诚实信用原则和商业合理性原则，即应当遵守我国《合同法》有关违约责任的规定，也应当遵从金融衍生品交易相关行业惯例，从而督促相关合约方当事人恪守合同义务，促进金融衍生品市场的有序稳定发展。本案中，确定被告樱达生活电器（中山）有限公司应当承担的提前终止款项数额应根据本案系争被终止掉期交易所体现的公允市场价值为准则来进行计算。同时，根据金融衍生品交易惯例，在系争五笔汇率掉期终止款项进行计算的过程中，原告为系争被终止交易而安排的相关对冲风险交易所产生的合理损失也应当作为计算依据。具体而言，本案中原告依据《衍生交易主协议》确定 2014 年 3 月 20 日为所有未完成交易的提前终止日，2014 年 3 月 24 日为提前终止交易的结算日。提前交割掉期交易适用的汇率应当由原来约定的远期汇率减去剩余期限的掉期点（该掉期点由向相关市场专业公司公允询价而得），而后针对以上提前交割的掉期交易，在 2014 年 3 月 20 日进行反向交易处理，以提前终止所有交易，通过被告樱达生活电器（中山）有限公司在平盘交易中应付的人民币款项减去提前交割交易中应收的人民币款项即为被告樱达生活电器（中山）有限公司应当支付的提前终止款项。因此，原告主张被告樱达生活电器（中山）有限公司偿还提前终止款项并支付相应利息以及律师费具有合同及法律依据，原告计算的提前终止款项金额准确，应予支持。被告广东樱达电气有限公司、李杰明作为连带保证人，依法应当对被告樱达生活电器（中山）有限公司的前述债务承担连带清偿责任。被告樱达生活电器（中山）有限公司、广东樱达电气有限公司、李杰明经法院合法传唤，无正当理由均未到庭应诉，应视为放弃庭审中享有的抗辩权利。

(二)裁判旨要

司法实践中，判断衍生品交易合同是否成立的标准仍应为合同当事人是否达成了一致的意思表示。对于该类纠纷中违约责任的认定，应充分遵循金融衍生品交易的国际惯例并以诚实信用原则和商业合理性原则为基础。

(三)律师评析

本案是一起由汇率掉期交易引发的金融衍生品纠纷案，案件焦点在于在汇率掉期交易提前终止的情形下，对违约责任的认定及提前终止款项公允市场价值的计算问题。

掉期属于场外金融衍生品交易的一种，其既是一种金融交易行为，也可被视作交易方就金融交易行为所达成的合约。从金融交易行为出发，掉期即指现金流支付义务的互换；从合约角度看，掉期指两个或两个以上的当事人按照商定的条件在约定的时间内交换一系列现金流的合约。在掉期业务中，一般由交易商（通常为金融机构）充当中介或第三方将掉期交易建立起来，或者为掉期交易组建一个场外二级市场，交易商根据整体交易策略分别与两方或者多方客户进行数个独立的掉期交易。

从法律层面而言，金融衍生品交易其实是一种金融合约，其本质上仍然属于合同，故在相关履行过程中的法律问题完全可依据《合同法》作出判断。在常见的合同纠纷中，如何证明违约行为引起的损失始终是个难点，司法实践也尚处在一个摸索的阶段。

到目前为止，我国法律法规与司法解释对于金融衍生品争议的相关规定尚不完善，可供参考的案例也较少。本案例的裁判理念对于日后日益增多的相关类型纠纷有很大的借鉴价值和引领作用。

(四)相关法条及司法解释

《中华人民共和国民法典》

第五百零九条 当事人应当按照约定全面履行自己的义务。

当事人应当遵循诚信原则，根据合同的性质、目的和交易习惯履行通知、协助、保密等义务。

当事人在履行合同过程中，应当避免浪费资源、污染环境和破坏生态。

第五百六十八条 当事人互负债务,该债务的标的物种类、品质相同的,任何一方可以将自己的债务与对方的到期债务抵销;但是,根据债务性质、按照当事人约定或者依照法律规定不得抵销的除外。

当事人主张抵销的,应当通知对方。通知自到达对方时生效。抵销不得附条件或者附期限。

第五百七十七条 当事人一方不履行合同义务或者履行合同义务不符合约定的,应当承担继续履行、采取补救措施或者赔偿损失等违约责任。

第五百零九条 当事人应当按照约定全面履行自己的义务。

当事人应当遵循诚信原则,根据合同的性质、目的和交易习惯履行通知、协助、保密等义务。

当事人在履行合同过程中,应当避免浪费资源、污染环境和破坏生态。

第四章　证券承销合同纠纷

一、证券承销合同纠纷概述

证券承销合同纠纷适用于证券发行人与证券经营机构之间关于证券承销合同的生效、解释、履行、变更、终止等行为而引起的所有争议，其本质属于合同纠纷。

《公司法》第八十七条规定："发起人向社会公开募集股份，应当由依法设立的证券公司承销，签订承销协议。"通常来说，证券承销合同是指证券发行人依据法律规定，与有证券承销资格的证券公司订立的，由证券公司代其向社会公众投资者募集资本并交付证券的书面合同。

根据我国《证券法》的规定，承销协议应当包含下列内容：当事人的名称、住所及法定代表人姓名；代销、包销证券的种类、数量、金额及发行价格；代销、包销的期限及起止日期；代销、包销的付款方式及日期；代销、包销证券的费用和结算办法；违约责任；国务院证券监督管理机构规定的其他事项。

2011 年 4 月 1 日施行的《民事案件案由规定》根据证券承销方式不同，在证券承销合同纠纷项下设立了两类子案由，分别为证券代销合同纠纷、证券包销合同纠纷。

（一）证券代销合同纠纷

证券代销合同纠纷适用于证券发行人与证券经营机构因证券代销合同发生纠纷的案件。

所谓证券代销，是指证券公司代发行人发售证券，在承销期结束时，将未售出的证券全部退还给发行人的承销方式。代销方式下，证券公司与发行人之间纯粹是代理关系，证券公司按照双方约定的发行条件尽力推销证券，并收取代理手续费。发行结束后未售出的证券退还给发行人，证券公司不承担发行风险。

证券代销一般在以下情况下采用：（1）证券公司对发行人信心不足时；（2）信用度很高、知名度很大的发行公司为减少发行费用而主动向证券公司提出；（3）包销谈判失败后。

（二）证券包销合同纠纷

证券包销合同纠纷，适用于证券发行人与证券经营机构因证券包销合同发生纠纷的案件。

所谓证券包销，是指证券公司将发行人的证券按照协议约定全部购入或者在承销期结束时将售后剩余证券全部自行购入的承销方式。采用这种销售方式，证券公司要承担销售和价格的全部风险，如果证券没有全部销售出去，证券公司只能自己"吃进"。这样，发行失败的风险就从发行人转移给了承销商。

然而，承销商承担风险是要获得补偿的，这种补偿通常就是通过扩大包销差价来实现的。对于发行人而言，他无须承担证券销售不出去的风险，而且可以迅速筹集资金，因而特别适合于那些资金需求量大、社会知名度低而且缺乏证券发行经验的发行人。

二、约定承销费用从募集总额中扣除的，未实现募集不支付承销费用

证券公司承销证券，应当同发行人签订承销协议。如果双方约定承销费用从募集资金总额中扣除，但由于证监会未批准股票发行申请而导致《证券承销协议》无法履行，则发行人无须支持承销费用。

（一）典型案例

☞ 广东永怡集团股份有限公司与华龙证券股份有限公司

证券承销合同纠纷案[1]

【关键词】证券承销协议　违约解除　预付款　预期利益损失

---

〔1〕（2017）粤 2071 民初 17166 号。

| 基本案情 | 原告（反诉被告）：广东永怡集团股份有限公司，法定代表人：温少松；被告（反诉原告）：华龙证券股份有限公司，法定代表人：李晓安。

2007年2月2日，广东永怡集团股份有限公司（以下简称永怡集团公司）与华龙证券公司原系有限责任公司（以下简称华龙证券公司）签订了《广东永怡集团股份有限公司向社会公开发行面值1.00人民币普通股之承销协议》，约定永怡集团公司（委托人、甲方、发行人）决定向社会公开发行6000万股面值为1元的人民币普通股（A股），并聘请华龙证券公司（受托人、乙方、主承销商）作为主承销商组织承销团承销本次发行的A股股票，预计募集资金总额不超过30000万元（未扣除发行费用）。

2007年4月12日，永怡集团公司通过银行汇款方式向华龙证券公司支付承销费预付款100万元，双方约定待永怡集团公司发行股票成功后，该款项从最终支付的承销费中抵扣。

2007年9月24日，中国证监会向永怡集团公司发出证监发行字〔2007〕320号关于对广东永怡集团股份有限公司首次公开发行股票申请不予核准的决定，载明中国证监会依法受理了永怡公司提交的首次公开发行股票申请文件；中国发审委于2007年第119次发审委会议，依法对永怡集团公司的首次公开发行股票申请进行了审核，在与会委员充分发表意见的基础上，会议以投票方式对永怡集团公司的首次公开发行股票申请进行了表决，同意票数未达到5票，申请未获通过，并根据相关规定，依法对永怡集团公司的首次公开发行股票申请作出不予核准的决定；永怡集团公司如再次申请发行证券，可在本决定作出之日起6个月后，向中国证监会提交申请文件。

2013年8月29日，永怡集团公司召开股东会并作出决议撤销在国内A股市场发行股票上市计划，追索华龙证券公司预收上市承销费100万元。

2013年9月29日，永怡集团公司具状诉至法院，主张前述实体权利。华龙证券公司向法院提起反诉请求，要求判令永怡集团公司向华龙证券公司剩余承销费用100万元。

| 裁判结果 | （1）解除原告广东永怡集团股份有限公司与被告华龙证券股份有限公司于2007年2月2日签订的《广东永怡集团股份有限公司向社会公开发行面值1.00人民币普通股之承销协议》；（2）被告华龙证券股份有限公司于本判决发生法律效力之日起7日内向原告广东永怡集团股份有限公司返还承销

费预付款 100 万元，并支付利息（利息计算方法：以 100 万元为基数，从 2013 年 9 月 29 日起按照中国人民银行同期同类贷款基准利率标准计算至实际清偿之日止）；（3）驳回反诉原告华龙证券股份有限公司的反诉请求。

｜裁判理由｜ 法院认为，本案系证券承销合同纠纷。永怡集团公司与华龙证券公司签订的《广东永怡集团股份有限公司向社会公开发行面值 1.00 人民币普通股之承销协议》是双方当事人的真实意思表示，内容不违反法律、行政法规的强制性规定，合法有效，对双方当事人具有拘束力。本案中，双方均确认永怡集团公司公开发行股票的申请并未获得证监会的核准，承销协议的合同目的无法实现，现永怡集团公司主张解除双方签订的《广东永怡集团股份有限公司向社会公开发行面值 1.00 人民币普通股之承销协议》，华龙证券公司对此表示同意，法院对此予以确认。

关于永怡集团公司的本诉诉求是否超过诉讼时效问题。双方当事人签订的承销协议没有约定履行期限，根据《最高人民法院关于审理民事案件适用诉讼时效制度若干问题的规定》第六条"不能确定履行期限的，诉讼时效期间从债权人要求债务人履行义务的宽限期届满之日起计算"之规定，永怡集团公司于 2013 年 8 月 29 日决定撤销发行股票上市计划，并于 2013 年 9 月 29 日向本院提起诉讼，要求解除承销协议，要求华龙证券公司返还承销费预付款 100 万元。据此本院认定本案诉讼时效期间应从永怡集团公司主张权利之日即 2013 年 9 月 29 日起算，永怡集团公司的本诉诉求，没有超过诉讼时效期间。

关于承销费用的支付问题。本案中，双方在承销协议中约定承销费用的支付方式是从募集资金总额中按照 3% 的比例予以扣除，且华龙证券公司履行承销协议中约定义务的前提是永怡集团公司所聘请的律师已就本次 A 股发行按证监会认可的方式出具法律意见书、本次 A 股公开发行的申请已获得证监会的核准以及本次所发行的 A 股已得到证券交易所的同意与安排。由此可见，双方在承销协议中约定承销费用的支付条件是华龙证券公司已经履行承销协议中约定的承销义务，且已募集到资金。本案中，永怡集团公司首次公开发行股票的申请没有得到证监会的核准，华龙证券公司履行承销协议中约定的承销义务的前提条件尚未成就，股票募集发行工作尚未开展，在此情形下，承销协议所约定的按募集资金总额的 3% 计收承销费用的支付条件并未成就。因此永怡集团公司不需支付承销费用。永怡集团公司向华龙证券公司支付的 100 万元款项，付款通知、收据等书证材料上明确载明属于承销费预付款性质，即属于永怡集团公司先行垫付的款项。鉴于承销协议中约定的承销履行条件尚未成就，双方当事人在本案中均同意解除承销协议，故在承销协议解除后，华龙证券公司应承担预付承销费用 100 万元的返还义务。

关于华龙证券公司主张要求永怡集团公司支付预期利益的反诉请求是否于法有据。《合同法》第一百一十三条第一款规定："当事人一方不履行合同义务或者履行合同义务不符合约定，给对方造成损失的，损失赔偿额应当相当于因违约所造成的损失，包括合同履行后可以获得的利益，但不得超过违反合同一方订立合同时预见到或者应当预见到的因违反合同可能造成的损失。"华龙证券公司主张的预期利益实际为因对方违约所造成的损失，在本案中，双方之间签订的承销协议中约定的承销义务并未开始履行，且导致合同履行不能的原因系中国证监会对永怡集团公司首次公开发行股票申请不予核准，属于不可归责于双方当事人的事由，永怡集团公司不构成违约。现华龙证券公司主张永怡集团公司承担预期利益损失 200 万元，于法无据，法院不予支持。另外，华龙证券公司在本案中提交的首次公开发行股票并上市申请文件、补充 2007 年中期报告调整文件、反馈意见回复等由其方为永怡集团公司整理的材料，均属于辅导保荐工作范畴。为此，永怡集团公司向华龙证券公司支付辅导费 17.5 万元，即对华龙证券公司提供的服务已经支付了对价。综上，法院对永怡集团公司要求华龙证券公司返还承销费预付款 100 万元并自本案起诉之日即 2013 年 9 月 29 日起按照中国人民银行同期同类贷款基准利率标准支付利息的诉讼请求予以支持。华龙证券公司提出的反诉诉求理据不足，法院不予支持。

（二）裁判旨要

对于违约方的赔偿责任一般遵循"可预见性原则"，并根据不同情形适用不同的裁判标准。合同无效的，不得主张预期可得利益损失；在合同的履行过程中，存在多种影响预期利润实现的因素，预期利润的产生不具有必然性，则不予支持。

（三）律师评析

证券承销合同是证券承销制度的核心，是证券发行人与证券公司之间签署的旨在规范和调整证券承销关系以及承销行为的合同档。根据《公司法》《证券法》相关规定，证券公司承销证券，应当同发行人签订承销协议。本案便是证券发行人与证券公司因证券承销协议履行而引起的争议，适用证券承销合同纠纷案由。

本案中，双方的主要争议焦点为：（1）由于证监会未批准股票发行申请而导致《证券承销协议》无法履行，发行人是否应当支付承销费用。（2）华龙证券公司是否有权向永怡集团公司主张预期利益。

关于发行人是否应当支付承销费用的问题。根据《合同法》第六十七条规定，当事人互负债务，有先后履行顺序，先履行一方未履行的，后履行一方有权拒绝其履行要求。先履行一方履行债务不符合约定的，后履行一方有权拒绝其相应的履行要求。

本案中，合同双方在承销协议中约定承销费用的支付条件是华龙证券公司已经履行承销协议中约定的承销义务，则承销费用从募集资金总额中按照3%的比例予以扣除。但是第三方因素（证监会对永怡集团公司首次公开发行股票申请不予核准）导致发行人不具备股票公开发行的资格，故华龙证券公司已经不可能开展承销工作。鉴于双方约定的承销费用付款时间应在募集资金之后，故从合同义务履行顺序角度出发，华龙证券公司在没有完成募集资金工作前，无法主张获得承销费用。

关于预期收益的问题。主张合同预期收益的前提是合同有效、具有可履行性。在此种情形下双方当事人都对合同履行充满了期待，这种期待具有可实现性。合同双方可以通过合同的完全履行来实现各自订立合同的目的，即通过履行合同可获得的各种利益。在具备可履行性的合同权利义务中，如果因为合同一方违约，导致合同解除，则守约一方当事人可以根据履行情况和合同性质，要求违约一方恢复原状、采取其他补救措施，并有权要求赔偿损失。损失赔偿额包括合同履行后可以获得的利益。

本案中，发行人永怡集团公司本希望通过承销商华龙证券公司承销其股票的发行事宜，承销费用从募集资金总额中按照3%的比例予以扣除。但双方未预料到的是，证监会对永怡集团公司首次公开发行股票申请不予核准，导致证券承销协议无法履行。故双方对于合同无法履行都不存在过错，所以华龙证券公司主张合同履行可获得的预期利益无法得到法律支持。

除上述两个主要争议点之外，法院对本案的裁判观点还体现出，在证券承销合同纠纷案件的审判实践中，如果因为证监会对公开发行股票的申请不予核准导致证券承销合同无法履行的，则不视为合同一方违约，但是双方在证券承销合同中另有约定的除外。

（四）相关法条及司法解释

《中华人民共和国公司法》（2018 年修订）

第八十七条 【股票承销】发起人向社会公开募集股份，应当由依法设立的证券公司承销，签订承销协议。

《中华人民共和国证券法》（2019 年修订）

第二十六条 发行人向不特定对象发行的证券，法律、行政法规规定应当由证券公司承销的，发行人应当同证券公司签订承销协议。证券承销业务采取代销或者包销方式。

证券代销是指证券公司代发行人发售证券，在承销期结束时，将未售出的证券全部退还给发行人的承销方式。

证券包销是指证券公司将发行人的证券按照协议全部购入或者在承销期结束时将售后剩余证券全部自行购入的承销方式。

第二十八条 证券公司承销证券，应当同发行人签订代销或者包销协议，载明下列事项：

（一）当事人的名称、住所及法定代表人姓名；

（二）代销、包销证券的种类、数量、金额及发行价格；

（三）代销、包销的期限及起止日期；

（四）代销、包销的付款方式及日期；

（五）代销、包销的费用和结算办法；

（六）违约责任；

（七）国务院证券监督管理机构规定的其他事项。

《中华人民共和国民法典》

第五百二十六条 当事人互负债务，有先后履行顺序，应当先履行债务一方未履行的，后履行一方有权拒绝其履行请求。先履行一方履行债务不符合约定的，后履行一方有权拒绝其相应的履行请求。

第五百六十二条 当事人协商一致，可以解除合同。

当事人可以约定一方解除合同的事由。解除合同的事由发生时，解除权人可以解除合同。

第五百八十四条 当事人一方不履行合同义务或者履行合同义务不符合约定，造成对方损失的，损失赔偿额应当相当于因违约所造成的损失，包括合同履行后可以获得的利益；但是，不得超过违约一方订立合同时预见到或者应当预见到的因违约可能造成的损失。

第五章　证券投资咨询合同纠纷

一、证券投资咨询合同纠纷概述

根据《证券、期货投资咨询管理暂行办法》（以下简称《暂行办法》）第二条第二款之规定，证券、期货投资咨询，是指从事证券、期货投资咨询业务的机构及其投资咨询人员为证券、期货投资人或者客户提供证券、期货投资分析和预测或者建议等直接或者间接有偿咨询服务的活动。具体的咨询服务形式有：接受投资人或者客户委托，提供证券、期货投资咨询服务；举办有关证券、期货投资咨询的讲座、报告会、分析会等；在报刊上发表证券、期货投资咨询的文章、评论、报告，以及通过电台、电视台等公众传播媒体提供证券、期货投资咨询服务；通过电话、传真、计算机网络等电信设备系统，提供证券、期货投资咨询服务；中国证券监督管理委员会（以下简称中国证监会）认定的其他形式。[1]

从事证券、期货投资咨询业务，必须依照《暂行办法》的规定，取得中国证监会的业务许可。具体而言，投资咨询机构及其从业人员都应当合乎《暂行办法》的规定。《暂行办法》第六条规定，申请证券、期货投资咨询从业资格的机构，应当具备下列条件：分别从事证券或者期货投资咨询业务的机构，有五名以上取得证券、期货投资咨询从业资格的专职人员；同时从事证券和期货投资咨询业务的机构，有十名以上取得证券、期货投资咨询从业资格的专职人员；其高级管理人员中，至少有一名取得证券或者期货投资咨询从业资格；有一百万元人民币以上的注册资本；有固定的业务场所和与业务相适应的通信及其他

---

[1]　韩艳：《证券投资咨询行业市场功能与立法思考及监管建议研究》，载《职工法律天地》2016 年第24 期。

信息传递设施；有公司章程；有健全的内部管理制度；具备中国证监会要求的其他条件。

另外，投资咨询机构的从业人员也应合乎法律法规的要求，《暂行办法》第十九条作了原则性的规定：证券、期货投资咨询机构及其投资咨询人员，应当以行业公认的谨慎、诚实和勤勉尽责的态度，为投资人或者客户提供证券、期货投资咨询服务。具体而言，证券投资咨询人员应当通过国家统一组织的从业资格考试，申请取得证券投资咨询从业资格；按照规定的程序进行审批；取得从业资格的人员申请执业的，应报证券监管部门审批；取得执业资格的人员，应当在所参加并办理执业年检。

证券投资咨询有利于减少投资者的盲目性，通过引导投资者理性投资促进证券市场稳定发展。如何规范这一服务行为，以减少纠纷、保障投资者的合法权益和社会公共利益，尤为重要。近年来，随着我国证券市场的快速发展，证券投资咨询服务也取得了长足进步，但随之而来的围绕证券投资咨询而发生的纠纷也呈现逐年增长的趋势。鉴于证券投资咨询服务合同纠纷的典型性，《民事案件案由规定》将"证券投资咨询纠纷"确定为第三级案由。

二、合同效力的认定应区分管理性强制性规定和效力性强制性规定

对于强制性规定，根据法学界的通说可以分为效力性强制性规定和管理性强制性规定。第一，法律法规规定，违反其某一规定将导致合同无效或不成立的，为效力性规定；第二，法律法规没有规定违反其规定将导致合同无效或不成立，虽然违反该规定，但若使合同继续有效并不损害国家利益和社会公共利益，而只是损害当事人利益的，属于管理性规定。[2] 强制性规定涉及金融安全、市场秩序、国家宏观政策等公序良俗的，应当认定为"效力性强制性规定"；当事人订立、履行合同，应当遵守法律、行政法规，尊重社会公德，不得扰乱社会经济秩序，损害社会公共利益。《暂行办法》亦明确规定，未经中国证监会许可，任何机构和个人均不得从事各种形式证券、期货投资咨询业务。未取得证监会许可的证券投资咨询机构资质，违反上述法律规定，应属无效。

---

〔2〕 参见王利明：《合同法新问题研究》，中国社会科学出版社 2003 年版，第 320—322 页。

（一）典型案例

☞ 高迈（北京）投资管理有限公司与杨江兵证券投资咨询纠纷[3]

【关键词】合同无效 效力性强制规定

｜基本案情｜ 原告：杨江兵；被告：高迈（北京）投资管理有限公司，法定代表人：张晓芸。

2016 年 8 月，甲方杨江兵与乙方高迈（北京）投资管理有限公司（以下简称高迈公司）签订《客户合作协议书》，约定包括但不限于以下内容：甲方独立操作自己的金融账户，乙方向甲方提供理财咨询服务；服务费为 5 万元，服务期限为 12 个月或达成约定收益 30%，服务合同正常终止；乙方以发布朋友圈、微信沟通或电话沟通向甲方提供以下服务：市场走势分析及建议、投资操作分析及指导、对投资仓位的控制及建议；协议到期后如未达到目标收益，甲方有权要求乙方退还所交的全部服务费用；甲方通过跟随乙方相关人员的通知对自己所持有的金融账户进行相应操作。

签约后，杨江兵给高迈公司法定代表人张晓芸转账 5 万元。此后，双方以微信方式对杨江兵股票账户的操作进行沟通，杨江兵亦按照高迈公司的指示操作其股票账户。截至 2017 年 9 月 25 日，杨江兵股票账户亏损港币 244600 元。经查，被告并未取得中国证券监督管理委员会许可的证券投资咨询机构资质，违反了《暂行办法》，给原告造成了严重经济损失，原告故诉至法院。要求：（1）确认原告与被告 2016 年 8 月 30 日签订的《客户合作协议书》无效；（2）被告返还原告服务费 5 万元，并赔偿利息损失；（3）被告赔偿原告损失港币 244600 元，折合人民币为 207127.28 元。

｜裁判结果｜ 对于杨江兵要求返还服务费 5 万元与赔偿损失港币 244600 元的诉讼请求，一审法院予以支持；对于其主张的利息损失，在合同无效的情况下，一审法院不予支持。

被告不服判决，提起上诉。二审维持了原判。

｜裁判理由｜ 法院认为，高迈公司作为合同无效的过错方，对杨江兵所受损失承担赔偿责任，相关法律已有明确规定；杨江兵在一审诉讼过程中提供了

----

[3] 一审（2018）京 0106 民初 2885 号；二审（2018）京 02 民终 5410 号。

相关依据，证明其买卖股票均是在高迈公司的客服人员通过微信指导下完成的，高迈公司亦无依据表明其指导行为与杨江兵所受损失之间不存在因果关系。故高迈公司的上诉理由，无事实和法律依据，其上诉请求法院未予支持。

（二）裁判旨要

如果提供证券投资咨询服务的一方未取得证监会许可的证券投资咨询机构资质，则违反了法律的强制性规定，应属无效。无效的合同自始没有法律约束力，因该合同取得的财产应当予以返还，有过错的一方应当赔偿对方因此所受到的损失。

（三）律师评析

现代民商法服务于市场经济，作为全国金融行业最发达地区之一的北京，在证券投资领域的司法研究与实践也是走在全国前列的，北京市第二中级人民法院审理的（2018）京02民终5410号高迈（北京）投资管理有限公司与杨江兵证券投资咨询纠纷二审一案很好地反映了此类纠纷的特点，具有一定的参考价值。

实践中，此类案件的争议焦点主要集中于从事证券投资咨询的机构及从业人员的资质及行为是否符合法律规定，以及对应签订的《投资咨询合同》效力认定等方面。对于此类纠纷，法院审查的范围主要为：第一，签订该类咨询合同的提供服务的一方是否符合法律法规的规定；第二，在提供证券咨询服务一方的资质或行为出现瑕疵时，合同效力的认定。

就本案而言，有两个问题需要关注：

1. 签订咨询合同的提供服务方是否符合法律规定

《暂行办法》明确规定，未经中国证监会许可，任何机构和个人均不得从事各种形式的证券、期货投资咨询业务。本案中，杨江兵与高迈公司签订的《客户合作协议书》实际内容为高迈公司指导杨江兵股票操作，因高迈公司并未取得证监会许可的证券投资咨询机构资质，违反了上述法律规定。

2. 在提供证券咨询服务方的资质或行为出现瑕疵时，合同是否应当被认定为无效

《合同法》第五十二条第五款规定，违反法律、行政法规的强制性规定的合

同无效。"合同无效"是民法对民事法律关系最严厉的惩罚，不到万不得已法律不会轻易使其无效而破坏交易稳定[4]。即便基金投资合同存在未进行双备案、保底承诺、投资人不合格、公开宣传等违法情形，根据《合同法司法解释（二）》第十四条的规定，《合同法》第五十二条第五项规定的"强制性规定"是指效力性强制性规定。如果强制性规范规制的是合同行为本身，人民法院应当认定合同无效；如果强制性规定规制的是当事人的"市场准入"资格或者规制的是某种合同的履行行为而非某类合同行为，此类合同效力未必无效。从前述规定及观点来看，《暂行办法》第三条"从事证券、期货投资咨询业务，必须依照本办法的规定，取得中国证监会的业务许可。未经中国证监会许可，任何机构和个人均不得从事本办法第二条所列各种形式证券、期货投资咨询业务"似乎规定的是"市场准入"资格。

2019 年 11 月 8 日《九民纪要》（法〔2019〕254 号）中关于合同纠纷案件的审理一章中明确规定：强制性规定涉及金融安全、市场秩序、国家宏观政策等公序良俗的，应当认定为"效力性强制性规定"；第三十一条关于违反规章的合同效力的规定指明"人民法院在认定规章是否涉及公序良俗时，要在考察规范对象基础上，兼顾监管强度、交易安全保护以及社会影响等方面进行慎重考量，并在裁判文书中进行充分说理"。根据体系解释，此规定应亦适用于法律法规的审判思维。证券投资咨询监管设置的初衷是减少投资者的盲目性，通过引导投资者理性投资促进证券市场稳定发展。本案中，高迈公司未取得中国证监会许可的证券投资咨询机构资质，脱离监管范围为他人提供证券咨询服务。在"防范、化解金融风险"的国家政策气候下，其行为给金融市场秩序及安全都带来了不稳定因素，所以将其认定为无效合同并无不当。

（四）相关法条及司法解释

《中华人民共和国民法典》

　　第一百五十三条　违反法律、行政法规的强制性规定的民事法律行为无效。但是，该强制性规定不导致该民事法律行为无效的除外。

　　违背公序良俗的民事法律行为无效。

---

[4]　孙文桢：《论合同效力类型体系的重构——认真对待合同的法律约束力》，载《苏州大学学报（法学版）》，2015 年第 2 期。

第一百五十四条　行为人与相对人恶意串通，损害他人合法权益的民事法律行为无效。

三、合同内容和合同目的是判断证券投资咨询合同是否成立的重要依据

合同的内容为消费者通过证券公司的通道进行股票交易的，双方成立的应是证券交易代理合同关系；而证券投资咨询合同应是指从事证券、期货投资咨询业务的机构及其投资咨询人员为证券、期货投资人或者客户提供证券、期货投资分析和预测或者建议等直接或者间接有偿咨询服务的活动。其合同的内容为：接受投资人或者客户委托，提供证券、期货投资咨询服务；举办有关证券、期货投资咨询的讲座、报告会、分析会等；在报刊上发表证券、期货投资咨询的文章、评论、报告，以及通过电台、电视台等公众传播媒体提供证券、期货投资咨询服务；通过电话、传真、计算机网路等电信设备系统，提供证券、期货投资咨询服务等形式。

（一）典型案例

☞ **熊友达与信达证券股份有限公司北京西单北大街证券营业部证券投资咨询纠纷案**[5]

【关键词】合同无效　效力性强制规定

|**基本案情**| 原告：熊友达；被告：信达证券股份有限公司北京西单北大街证券营业部，负责人：巩泰利。

2000 年 1 月 27 日，熊友达在信达证券西单北大街营业部开立账户，长期进行股票交易的融资融券业务，双方成立证券交易代理合同关系。信达证券西单北大街营业部员工史秋梅安排客服部专职投资顾问杜润攀为熊友达的投资顾问。杜润攀接纳并主动添加熊友达为微信好友，多次邀熊友达参加股市投资讲座活动，并通过电话、微信和面谈交流指导。2015 年 6 月 19 日，杜润攀在股市暴跌

------

[5]　一审（2015）西民（商）初字第 34582 号；二审（2016）京 02 民终 10461 号；再审申请（2017）京民申 2639 号。

中向熊友达发出"持有或买入"操作指示，致使熊友达账户净资产损失1145894.51元（不含融资损失635400.65元）。为此，熊友达以证券投资咨询纠纷案由于2015年11月16日起诉至法院。

| **裁判结果** | 一审未支持熊友达诉讼请求。

熊友达不服，提起了上诉，二审法院判决维持原判。

熊友达申请再审，北京市高级人民法院裁定驳回再审请求。

| **裁判理由** | 本案争议焦点应为双方是否成立了证券投资咨询合同关系，以及在该合同关系项下，信达证券西单北大街营业部是否发出虚假或者误导信息，并使熊友达作出错误判断，并造成损失。《合同法》第十三条规定当事人订立合同，采取要约、承诺方式；第十四条规定要约是希望和他人订立合同的意思表示，该意思表示应当符合下列规定：（一）内容具体确定；（二）表明经受要约人承诺，要约人即受该意思表示约束。庭审中，熊友达出示信达证券西单北大街营业部职员杜润攀向其发出的"持有或买入"的微信信息主张双方成立证券投资咨询合同关系，但该信息内容并未指向熊友达已经持有的具体的股票名称，数量亦未载明买入的时间节点，意思表示不完整，不符合《合同法》规定的要约的构成要件；且庭审证据显示，熊友达收到上述唯一一条信息后，并未向杜润攀回复信息，双方并未就"持有或买入"的具体内容进行协商；另，熊友达未提交证据证明其同信达证券西单北大街营业部还存在其他的事实证券投资咨询行为，故法院对熊友达提出的双方形成事实上的证券投资咨询合同关系的诉称意见不予支持。

另，2005年的《证券法》第一百六十九条规定：投资咨询机构、财务顾问机构、资信评级机构、资产评估机构、会计师事务所从事证券服务业务，必须经国务院证券监督管理机构和有关主管部门批准。投资咨询机构、财务顾问机构、资信评级机构、资产评估机构、会计师事务所从事证券服务业务的审批管理办法，由国务院证券监督管理机构和有关主管部门制定。第一百七十一条规定：投资咨询机构及其从业人员从事证券服务业务不得有下列行为：……（四）利用传播媒介或者通过其他方式提供、传播虚假或者误导投资者的信息；……有前款所列行为之一，给投资者造成损失的，依法承担赔偿责任。庭审查明，信达证券西单北大街营业部的营业执照经营范围包括证券投资咨询，是合格的投资咨询服务机构，但熊友达庭审中仅证明收到一条"持有或买入"信息，并未提交其他证据证明信达证券西单北大街营业部发出了虚假或者误导的投资咨询信息，对此，法院认为熊友达作为有多年经验的证券交易投资者，且多次承诺

明了证券交易业务的经营风险，现主张收到"持有或买入"的信息，不能证明其同证券西单北大街营业部成立了证券投资咨询合同关系，本院亦不能据此认定信达证券西单北大街营业部职员此条信息属于利用传播媒介或者通过其他方式提供、传播虚假或者误导投资者的信息的事实。

另，庭审中，熊友达亦未证明其因收到信达证券西单北大街营业部发出的"持有或买入"的意思表示而对股票交易作出了错误判断，造成股票交易损失，即该发出信息的行为同股票交易损失的后果具有因果关联性。由此，法院认为熊友达要求信达证券西单北大街营业部赔偿股票交易损失的诉称意见无事实以及法律依据，对此不予支持。

（二）裁判旨要

在提供证券投资咨询服务的一方与接受服务的一方之间未形成证券投资咨询合同关系的情况下，不能认定接受服务的一方的损失与提供证券投资咨询服务的一方存在因果关系。

（三）律师评析

本案例的争议焦点亦较为典型，且经过一审、二审、再审，最终由北京市高级人民法院作出裁定，具有相当的参考性。对于此类案件，法院主要的审查范围是：是否成立证券投资咨询合同；被诉行为与损害结果是否存在因果关系。

1. 是否成立证券投资咨询合同需要明确判断标准

第一，从合同内容来判断是否成立证券投资咨询合同。证券投资咨询合同应是指从事证券、期货投资咨询业务的机构及其投资咨询人员为证券、期货投资人或者客户提供证券、期货投资分析和预测或者建议等直接或者间接有偿咨询服务的活动。其合同的内容为：接受投资人或者客户委托，提供证券、期货投资咨询服务；举办有关证券、期货投资咨询的讲座、报告会、分析会等；在报刊上发表证券、期货投资咨询的文章、评论、报告，以及通过电台、电视台等公众传播媒介提供证券、期货投资咨询服务；通过电话、传真、计算机网路等电信设备系统形式，提供证券、期货投资咨询服务等。

在本案中，双方签订的是《开户协议书》《融资融券业务合同》，双方成立的应是证券交易代理合同关系[6]，其合同的内容为消费者通过证券公司的通道进行股票交易，不应认定为证券投资咨询合同关系。

第二，从主体资格来判断。就主体而言，从事证券、期货投资咨询业务，必须依照《暂行办法》的规定，取得中国证监会的业务许可。投资咨询机构及其从业人员都应当合乎《暂行办法》的规定。《暂行办法》第六条规定，申请证券、期货投资咨询从业资格的机构，应当具备下列条件："（一）分别从事证券或者期货投资咨询业务的机构，有五名以上取得证券、期货投资咨询从业资格的专职人员；同时从事证券和期货投资咨询业务的机构，有十名以上取得证券、期货投资咨询从业资格的专职人员；其高级管理人员中，至少有一名取得证券或者期货投资咨询从业资格；（二）有 100 万元人民币以上的注册资本；（三）有固定的业务场所与业务相适应的通讯及其他信息传递设施；（四）有公司章程；（五）有健全的内部管理制度；（六）具备中国证监会要求的其他条件。"在本案中，信达证券西单北大街营业部并不满足以上规定，双方并不存在证券投资咨询合同关系。

2. 因果关系是判断责任承担的重要标准

根据 2019 年 11 月 8 日《最高人民法院关于印发〈全国法院民商事审判工作会议纪要〉的通知》（法〔2019〕254 号）中关于合同纠纷案件的审理一章中规定，关于金融消费者权益保护纠纷案件的审理，在审理金融产品发行人、销售者以及金融服务提供者（以下简称卖方机构）与金融消费者之间因销售各类高风险等级金融产品和为金融消费者参与高风险等级投资活动提供服务而引发的民商事案件中，必须坚持"卖者尽责、买者自负"原则，将金融消费者是否充分了解相关金融产品、投资活动的性质及风险并在此基础上作出自主决定作为应当查明的案件基本事实，依法保护金融消费者的合法权益，规范卖方机构的经营行为，推动形成公开、公平、公正的市场环境和市场秩序。

在本案中，消费者在与证券公司签订《开户协议书》《融资融券业务合同》的同时，还签署了《融资融券业务风险揭示书》等一系列风险告知档，并表示知晓和理解风险告知的内容，故认为证券公司已经尽到了风险告知义务，消费者的损失与买方机构的行为不存在因果关系。

---

〔6〕 参见徐伟功：《法律选择中的意思自治原则在我国的运用》，载《法学》第 2013 年第 9 期。

（四）相关法条及司法解释

《中华人民共和国民法典》

第四百六十五条　依法成立的合同，受法律保护。

依法成立的合同，仅对当事人具有法律约束力，但是法律另有规定的除外。

第四百七十一条　当事人订立合同，可以采取要约、承诺方式或者其他方式。

《中华人民共和国证券法》（2019 年修订）

第一百六十条　会计师事务所、律师事务所以及从事证券投资咨询、资产评估、资信评级、财务顾问、信息技术系统服务的证券服务机构，应当勤勉尽责、恪尽职守，按照相关业务规则为证券的交易及相关活动提供服务。

从事证券投资咨询服务业务，应当经国务院证券监督管理机构核准；未经核准，不得为证券的交易及相关活动提供服务。从事其他证券服务业务，应当报国务院证券监督管理机构和国务院有关主管部门备案。

第六章　证券回购合同纠纷

一、证券回购合同纠纷概述

1997 年 1 月 9 日的《最高人民法院召开审理证券回购纠纷案件座谈会纪要》对证券回购作出了规定，即证券持有人（回购方，即资金拆入方）在卖出一笔证券的同时，与买方（返售方，即资金拆出方）签订协议约定一定期限和价格，买回同一笔证券的融资活动。就证券的类型来看，分为债权类回购、基金类回购、股票类回购等。

2018 年 3 月 12 日修订施行的《股票质押式回购交易及登记结算业务办法》第二条进一步对股票质押式回购交易作出了规定，即符合条件的资金融入方（以下简称融入方）以所持有的股票或其他证券质押，向符合条件的资金融出方（以下简称融出方）融入资金，并约定在未来返还资金、解除质押的交易。

与普通的证券回购相比较，质押式回购交易在两次交易时，分别设立、解除了证券的质押权。在其交易结构中，融入方是指具有股票质押融资需求且符合证券公司所制定资质审查标准的客户。融出方包括证券公司、证券公司管理的集合资产管理计划或定向资产管理客户、证券公司资产管理子公司管理的集合资产管理计划或定向资产管理客户。上交所对参与股票质押回购的证券公司实行交易权限管理。证券公司向上交所申请股票质押回购交易权限，应当符合一定的业务资格，对公司及业务有适当性管理规范条件，并向证券交易所提交相关材料。[1]

《最高人民法院召开审理证券回购纠纷案件座谈会纪要》规范了证券回购纠

---

〔1〕　参见洪艳蓉著：《股票质押式回购的法律性质与争议解决》，载《法学》2019 年第 11 期。

纷的审理规则。在 2000 年 10 月 30 日施行的《民事案件案由规定》中规定了证券回购合同纠纷，在 2011 年 4 月 1 日施行的《民事案件案由规定》中，在证券回购纠纷项下，详细规定了股票回购合同纠纷、国债回购合同纠纷、公司债券回购合同纠纷、证券投资基金回购合同纠纷、质押式证券回购纠纷五类三级案由。从交易性质来讲，前四种纠纷为一类，第五种纠纷为另一类。法院在审判时，通常直接以二级案由证券回购纠纷或以前述三级案由归类。

二、股票质押权利设立应区分处分行为和负担行为

《物权法》第二百二十六条第一款规定，以基金份额、股权出质的，当事人应当订立书面合同。如果股票质押初始交易及股票质押补充质押已经实际登记，则应当认定股票质权已经依法设立。

（一）典型案例

☞ **徐州丰利科技发展投资有限公司、毛凤丽证券回购合同纠纷二审判决**[2]
【关键词】法律位阶　合同效力

| **基本案情** | 原告：长江证券（上海）资产管理有限公司，法定代表人：周纯；被告：徐州丰利科技发展投资有限公司，法定代表人：张俊芝；被告：毛凤丽。

2017 年，甲方（徐州丰利公司）、乙方（长证资管公司）长江证券公司（丙方）签署了《交易协议》《业务协议》《补充协议》，约定初始交易日 2017 年 4 月 12 日，购回交易日 2018 年 1 月 12 日。标的证券简称科融环境（代码 300152），标的证券数量 80797400 股。初始交易金额 410000000 元，购回年利率 6.5%。购回交易金额 430078767.12 元。乙方（长证资管公司）有权要求甲方（徐州丰利公司）分别在 2017 年 7 月 11 日、2017 年 10 月 12 日全部提前购回剩余负债，甲方应当在接到乙方提前购回的书面通知后在乙方通知时间全部提前购回负债。甲方未按乙方要求足额、及时提前购回的，视为甲方违约。

------

[2] 一审（2017）鄂民初 69 号；二审（2019）最高法民终 709 号。为集中研究证券相关纠纷的问题，本案例争议焦点部分内容有删减。

徐州丰利公司支付利息情况为：2017 年 6 月 19 日付息 5110958.90 元，10 月 27 日付息 3000000 元，11 月 1 日付息 1460000 元，11 月 3 日付息 2260000 元。之后徐州丰利公司未继续按照合同付息。多次沟通无果后，2017 年 9 月，长证资管公司将徐州丰利公司诉至法院，要求徐州丰利公司购回全部标的证券，并支付利息、违约金。

|裁判结果| 一审判令徐州丰利公司购回全部标的证券，并支付利息、违约金。

原告不服判决，提起上诉，二审维持原判。

|裁判理由| 法院认为本案的争议焦点为：（1）《交易协议》《业务协议》《补充协议》的效力问题；（2）案涉股票质押权利是否设立；（3）徐州丰利公司是否应当承担违约责任。具体论述如下：

（1）关于《交易协议》《业务协议》《补充协议》的效力问题。关于《补充协议》回购期限条款是否因违反《证券法》第四十七条规定而无效的问题。二审法院认为，融入方返还资金是用于解除标的证券的质押，不涉及股权转让，而《证券法》第四十七条系关于股权转让的规定。因此，徐州丰利公司关于《补充协议》回购期限条款因违反《证券法》第四十七条规定而无效的上诉理由因没有法律依据而不能成立。综上，原审法院认为"徐州丰利公司、长征资管公司、长江证券公司签订的《业务协议》《交易协议》《补充协议》系各方当事人的真实意思表示，内容不违反法律及行政法规的强制性规定，合法有效"，该认定并无不当。

（2）关于案涉股票质押权利是否设立的问题。根据《物权法》第二百二十六条第一款关于"以基金份额、股权出质的，当事人应当订立书面合同"。在本案中，长证资管公司已经提交了在长江证券公司上海福州路证券营业部打印的关于案涉股票质押初始交易及股票质押补充质押的交割单，故应当认定案涉股票已经合法登记、质权依法设立。徐州丰利公司如认为长江证券公司所提供数据有误或不具证明效力，可根据前款规定的第二款关于"证券公司和中国结算深圳分公司的数据如有不一致，以中国结算深圳分公司提供的数据为准"的规定调取中国结算深圳分公司的数据予以证明。

（3）关于徐州丰利公司是否应当承担违约责任的问题。《补充协议》约定：乙方（长证资管公司）有权要求甲方（徐州丰利公司）分别在 2017 年 7 月 11 日、2017 年 10 月 12 日全部提前购回剩余负债，甲方应当在接到乙方提前购回的书面通知后在乙方通知时间全部提前购回负债。甲方未按乙方要求足额、及时提前购回的，视为甲方违约。综上，原审法院关于"徐州丰利公司未按照《补充协议》约定回购质押股票，应承担违约责任"的认定并无不当。

（二）裁判旨要

如果股票质押已经进行合法登记，则质权依法设立；一方在接到另一方的提前购回的书面通知后未回购的，应根据双方约定承担违约责任。

（三）律师评析

本案较为典型地体现了证券回购纠纷常见的争议焦点，且为最高人民法院于 2019 年作出的判决。在当前形势下，对全国范围内的该类案件的审判具有指导意义。法院在审查此类纠纷时多集中于回购合同的效力以及质押权是否生效。就本案而言，需要关注的核心问题是股票质押式回购合同的效力。

根据《股票质押式回购交易及登记结算业务办法（试行）》的规定，股票质押回购是指符合条件的资金融入方以所持有的股票或其他证券质押，向符合条件的资金融出方融入资金，并约定在未来返还资金、解除质押的交易。就本案而言，《补充协议》回购期限条款是否因违反 2005 年《证券法》第四十七条规定而无效？即上市公司董事、监事、高级管理人员、持有上市公司股份百分之五以上的股东，将其持有的该公司的股票在买入后六个月内卖出，或者在卖出后六个月内又买入，由此所得收益归该公司所有，公司董事会应当收回其所得收益。此规定即所谓的"短线交易"违法情形。公司的董事、监事、高级管理人员因其特殊的地位，能够直接接触到与公司生产经营紧密相关的内部消息，[3] 如果允许他们利用内部信息炒作股票，则有可能造成内幕交易或操纵市场的情形，对广大投资者是极为不利的，也是极不公平的；大股东由于其持有股份数量比较大，很有可能控制公司或对公司施加重大影响，而且他们因为地位特殊，很容易接触到公司的重要信息，容易利用信息优势进行不公平的股票交易，扰乱证券市场的健康发展。禁止短线交易的立法目的在于通过对上市公司内部人的短线交易收益予以归入和处罚这一威慑手段，建立内幕交易的事先

----

[3]　参见石一峰：《效力性强制性规定的类型化分析》，载《武汉大学学报（哲学社会科学版）》2018年第 2 期。

防范和吓阻机制。

《九民纪要》关于金融消费者权益保护纠纷案件的审理指出："会议认为，在审理金融产品发行人、销售者以及金融服务提供者（以下简称卖方机构）与金融消费者之间因销售各类高风险等级金融产品和为金融消费者参与高风险等级投资活动提供服务而引发的民商事案件中，必须坚持'卖者尽责、买者自负'原则，将金融消费者是否充分了解相关金融产品、投资活动的性质及风险并在此基础上作出自主决定作为应当查明的案件基本事实，依法保护金融消费者的合法权益，规范卖方机构的经营行为，推动形成公开、公平、公正的市场环境和市场秩序。"

如果金融服务提供者未尽适当性义务，导致金融消费者在接受金融服务后参与高风险等级投资活动遭受损失的，金融消费者可以请求金融服务提供者承担赔偿责任。

此外，短线交易与解除质押同属于物权的变动，但是短线交易是股权的转让，融入方返还资金是用于解除标的证券的担保，其性质不涉及股权转让。所以融入方的行为不属于 2005 年《证券法》第四十七条短线交易关于股权转让的规定。因此，在本案中，徐州丰利公司关于《补充协议》回购期限条款因违反2005 年《证券法》第四十七条规定而无效的上诉理由不能成立。

（四）相关法条及司法解释

《中华人民共和国证券法》（2019 年修订）

第四十四条 上市公司、股票在国务院批准的其他全国性证券交易场所交易的公司持有百分之五以上股份的股东、董事、监事、高级管理人员，将其持有的该公司的股票或者其他具有股权性质的证券在买入后六个月内卖出，或者在卖出后六个月内又买入，由此所得收益归该公司所有，公司董事会应当收回其所得收益。但是，证券公司因购入包销售后剩余股票而持有百分之五以上股份，以及有国务院证券监督管理机构规定的其他情形的除外。

前款所称董事、监事、高级管理人员、自然人股东持有的股票或者其他具有股权性质的证券，包括其配偶、父母、子女持有的及利用他人账户持有的股票或者其他具有股权性质的证券。

公司董事会不按照第一款规定执行的，股东有权要求董事会在三十日内执行。公司董事会未在上述期限内执行的，股东有权为了公司的利益以自己的名义直接向人民法院提起诉讼。

公司董事会不按照第一款的规定执行的，负有责任的董事依法承担连带责任。

三、违反规章的内容一般情况下并不影响合同效力

法院在审理合同纠纷案件时，要坚持鼓励交易原则，充分尊重当事人的意思自治。违反规章的内容，除涉及金融安全、市场秩序、国家宏观政策及公序良俗的以外，一般情况下不影响合同效力。这种观点在很多案件中都有体现。

（一）典型案例

☞ **励琛（上海）投资管理有限公司与刘洋证券投资基金回购合同纠纷案**[4]
【关键词】合同效力　部门规章

| **基本案情** | 原告：刘洋；被告：励琛（上海）投资管理有限公司，法定代表人：洪扬。

2015 年 8 月 21 日，励琛（上海）投资管理有限公司（以下简称励琛公司）与刘洋签订《锦某新三板股权投资合伙式基金合同》《股权回购协议书》约定励琛公司成立合伙式基金，刘洋作为有限合伙人加入该基金，合伙目的为投向新三板定增等金融衍生品。

励琛公司作为回购方必须在基金成立起满 18 个月至 24 个月内对刘洋认购的基金份额进行回购，若在基金成立后满 18 个月，没有实现新三板挂牌，励琛公司必须以年化 8% 收益回购投资者的认购份额，励琛公司同意以现金方式向刘洋支付上述股权份额价款。2017 年 8 月始，刘洋多次通过微信与励琛公司联系，明确要求励琛公司回购其认购基金份额。励琛公司告知刘洋基金所投企业未能实现在新三板挂牌，需要等基金所投企业先回购所有基金份额，励琛公司再向刘洋回购其所购买的基金份额。励琛公司至今未对刘洋所认购基金份额进行回购，刘洋遂将励琛公司诉至法院。

| **裁判结果** | 一审法院认为《股权回购协议》合法有效，判令励琛公司支

---

〔4〕 一审（2018）沪 0116 民初 7904 号；二审（2018）沪 74 民终 112 号。

付回购款及收益。

励琛公司不服判决，提起上诉。最终，二审法院维持原判。

| 裁判理由 | 本案争议焦点在于涉案《股权回购协议》的效力问题。上诉人励琛公司主张上述协议中励琛公司承诺以年化8%收购投资者的股权份额的条款，违反了《中国人民银行、中国银行保险监督管理委员会、中国证券监督管理委员会、国家外汇管理局关于规范金融机构资产管理业务的指导意见》（银发〔2018〕106号，本章以下简称《指导意见》）中关于禁止金融机构进行刚性兑付的规定，应属无效。并提供了之前中国证监会上海监管局作出的责令其改正措施的《行政监管措施决定书》。而法院则认为，证监会对其进行处罚是行政管理监督的措施，即使进行行政处罚也并不必然导致合同无效，更与其自愿以合伙人身份对其他合伙人进行补偿的承诺无关。故上诉人励琛公司要求确认《股权回购协议书》无效的上诉理由，不能成立。

《股权回购协议书》中约定，若在基金成立后满18个月，没有实现新三板挂牌，励琛公司承诺以年化8%收益回购投资者认购的份额。根据上诉人的陈述，案外人信高公司最终由于自身原因无法在新三板挂牌上市。在此情况下，上诉人作为该项目投资基金管理人理应及时告知投资人。作为合伙企业的唯一普通合伙人，亦应在合伙目的不能实现时对合伙企业进行清算。但实际上，案外人锦某公司在收取被上诉人的投资款后并未将上诉人、被上诉人变更登记为其合伙人，但上诉人与锦某公司是关联企业（励琛公司法定代表人与锦某公司执行事务合伙人为同一人），故上述《股权回购协议》中励琛公司承诺以年化8%收益回购被上诉人股权份额，可以视为普通合伙人自愿以自有资金对其他有限合伙人在投资目的不能实现时进行补偿的意思表示，既没有损害合伙企业的权益也没有损害其他人的利益，应属合法有效，上诉人理应按约履行。

（二）裁判旨要

对于合同纠纷案件应充分尊重当事人的意思自治，违反规章的相关规定在一般情况下不影响合同效力，但该规章的内容涉及金融安全、市场秩序、国家宏观政策的，应当认定合同无效。

（三）律师评析

为了对金融纠纷提供更专业化的司法救济，进一步提升金融服务水平，作为全国第一家以金融审判为主要职责的上海金融法院应运而生。上海金融法院（2018）沪74民终112号励琛（上海）投资管理有限公司与刘洋证券投资基金回购合同纠纷二审一案体现了证券回购纠纷的典型特点，具有一定的参考价值。法院对该类案件主要的审查范围是，在证券回购出现刚性兑付承诺时，合同效力的认定。

1. 合同效力的认定非常重要

就本案而言，合同效力的认定问题对于案件的处理非常关键。《指导意见》第十九条规定，资产管理产品的发行人或者管理人违反真实公允确定净值原则，对产品进行保本保收益；采取滚动发行等方式，使得资产管理产品的本金、收益、风险在不同投资者之间发生转移，实现产品保本保收益；资产管理产品不能如期兑付或者兑付困难时，发行或者管理该产品的金融机构自行筹集资金偿付或者委托其他机构代为偿付等行为属于刚性兑付。在涉案合同中，励琛公司约定年化利率并承诺到期回购的约定，已经违反了前述规定；上海市证券监督管理部门亦对励琛公司作出了《行政监管措施决定书》，励琛公司确已违反《指导意见》中刚性兑付的禁止条款。然而，此《指导意见》的制定主体为央行、银保监会、证监会等国务院部委，立法位阶属于部门规章。

根据《九民纪要》中关于合同纠纷案件的审理一章，合同是市场化配置资源的主要方式，合同纠纷也是民商事纠纷的主要类型。人民法院在审理合同纠纷案件时，要坚持鼓励交易原则，充分尊重当事人的意思自治。其中第三十一条规定，违反规章一般情况下不影响合同效力，但该规章的内容涉及金融安全、市场秩序、国家宏观政策等公序良俗的，应当认定合同无效。人民法院在认定规章是否涉及公序良俗时，要在考察规范对象基础上，兼顾监管强度、交易安全保护以及社会影响等方面，进行慎重考量，并在裁判文书中进行充分说理。《合同法》的目标之一即为保护商品交易，除明显违反金融安全、市场秩序、国家宏观政策等公序良俗的情况外，不可动辄强令合同无效。[5] 否则既不符合《合同法》的精神，又不符合当前的审判实践。本案法院的裁判结果值得赞同。

---

[5] 参见石一峰：《效力性强制性规定的类型化分析》，载《武汉大学学报（哲学社会科学版）》2018年第2期。

2. 不同规则有其不同的适用范围

本案的裁判时间为 2019 年 3 月 11 日，而 2019 年 11 月 8 日施行的《九民纪要》关于营业信托纠纷案件的审理一节第九十二条中，却有此规定："信托公司、商业银行等金融机构作为资产管理产品的受托人与受益人订立的含有保证本息固定回报、保证本金不受损失等保底或者刚兑条款的合同，人民法院应当认定该条款无效。"

如果本案按照《九民纪要》的规定进行审理，是否会被认定为无效呢？笔者认为不应当认定为无效：第一，在认定规章是否涉及公序良俗时，要兼顾监管强度、交易安全保护以及社会影响等方面。第二，《九民纪要》第九十二条规定在关于营业信托纠纷案件的审理一节中，从体系解释的角度来看，它调整的应仅为信托纠纷案件，而本案应属于私募基金投资，故不应在其调整范围内。

（四）相关法条及司法解释

《中华人民共和国民法典》

第一百五十三条 违反法律、行政法规的强制性规定的民事法律行为无效。但是，该强制性规定不导致该民事法律行为无效的除外。

违背公序良俗的民事法律行为无效。

第一百五十四条 行为人与相对人恶意串通，损害他人合法权益的民事法律行为无效。

第七章　证券交易代理合同纠纷

一、证券交易代理合同纠纷概述

证券交易中的代理行为主要包括两个方面的内容：一方面是投资人与券商之间的代理关系，即人们熟知的证券经纪业务；另一方面是投资者之间的代理行为。"经纪"不是一个准确的法律概念，通常是指由市场中介充当代理人，为买卖双方提供信息和服务，撮合交易的一种行为。券商作为代理人，以被代理人的名义参加证券交易，交易的结果由被代理人即委托的投资者承担。券商接受委托后，并不以自己的名义参与证券交易，不占有证券和货币，也不对基于有效委托发生的交易结果负责。因此，虽然券商也向投资者提供交易条件和信息服务，但券商与投资者之间的法律关系不是行纪合同也不是居间合同关系，而是一种委托代理关系。

证券经纪属于有偿委托，佣金或手续费可以理解成委托方为代理成本支付的对价。而投资者之间的委托代理可以是有偿的，也可以是无偿的，委托人可委托受托人办理有关证券交易的一切事务，即通常所说的全权代理，而券商则不能接受投资者的全权委托。两种代理行为的区别主要源于二者内容和范围的巨大差异。证券交易经纪作为特殊的金融服务业，具有垄断性，任何投资者参与证券市场的交易都必须通过交易所的会员单位，自然人无法成为会员。因此，投资者有选择会员的权利，但由券商代理参与证券交易的撮合却是强制性的。相反，投资者之间的代理则完全基于自愿的委托行为，主要目的是为提高证券投资的收益或降低证券交易的成本，包括时间成本。委托的投资者是被代理人，受托的投资者即为代理人。对券商来说，不管投资者的权利如何合法转移和分配，被代理人和代理人都是自己的客户；但对于被代理人来说，对代理人的委托和对券商的委托，内容则有所不同，被代理人与券商的委托关系也需要通过代理人的代理行为去完成和体现。券商为适当履行代理义务，一些必要的手续不可缺少，比如根据证券账户卡为投资者开立资金账户、按照投资者要求传送交易指令和成交回报、办理股票和资金的转提等。上述手续，可以由投资者本人亲自办理，直接对券商进行委托，也可以委托代理人代为办理。代理人应在委托人的授权范围内代理委托人与券商发生关系，办理与证券交易相关的各项事务。

对证券交易代理的授权行为，法律并未作出特别规定。新修订的《证券法》对"投资者保护""证券交易场所"作了规定，但也没有涉及证券交易代理问题。《民法总则》第一百六十一条至一百七十五条对"代理"的有关问题作了规定，其中第一百六十五条规定"委托代理授权采用书面形式的，授权委托书应当载明代理人的姓名或者名称、代理事项、权限和期间，并由被代理人签名或者盖章"。

证券交易代理合同是指证券公司与投资者签订证券公司作为代理人，以被代理人投资者的名义参加证券交易，交易的结果由委托的投资者承担的协议。因该协议订立、履行、变更、终止而产生的纠纷，即证券交易代理合同纠纷。

《民事案件案由规定》第一级案由第八部分是"与公司、证券、保险、票据等有关的民事纠纷"，其下二级案由之二十四是"证券纠纷"，证券交易合同纠纷是该二级案由下的第三级案由，即"287、证券交易合同纠纷"。

在各种学说观点中，证券商与投资者之间是一种代理关系，证券公司以投资者名义进行证券交易，交易的结果由投资者承担。

二、构成委托代理合同关系主体的行为后果应根据是否在代理权限范围内进行判断

当某个投资者授权某个自然人进行股票交易时，要判断后者的行为是否超越其职权范围，这决定了其行为带来的后果应由哪个主体来承担责任。大连真龙贸易发展有限公司与宏源证券股份有限公司大连友好路证券营业部证券交易代理合同纠纷一案具有很好的参考价值。

（一）典型案例

☞ 大连真龙贸易发展有限公司与宏源证券股份有限公司大连友好路
证券营业部证券交易代理合同纠纷案[1]

【关键词】证券交易　代理合同　股票交易

┃基本案情┃再审申请人：大连真龙贸易发展有限公司，法定代表人：李
德林；被申请人：宏源证券股份有限公司大连友好路证券营业部，负责人：
兰天。

申请再审人大连真龙贸易发展有限公司（简称真龙公司）因与被申请人宏
源证券股份有限公司大连友好路证券营业部（简称宏源证券友好路营业部）证
券交易代理合同纠纷一案，不服辽宁省高级人民法院（2010）辽民二终字第 8
号民事判决，向最高人民法院申请再审。

甘国福长期为他人代理股票交易。其自 2005 年起即为李德林代理股票交
易，真龙公司将涉案 43395522.27 元资金转入宏源证券友好路营业部并与之签订
证券交易代理合同协议书后，李德林将其设置的股票交易密码告知甘国福。甘
国福出具的《保证书》落款时间为 2007 年 7 月 20 日，而真龙公司于 2007 年 8
月 8 日才将涉案款项转入宏源证券友好路营业部。落款时间为 2008 年 7 月 1 日
的《存款证明》。

真龙公司申请再审称：（1）二审判决认定的基本事实缺乏证据证明。（2）有
新的证据，足以推翻二审判决。（3）二审判决适用法律确有错误。请求最高院再
审本案。

┃裁判结果┃ 2012 年 12 月 31 日最高人民法院裁定：驳回大连真龙贸易发
展有限公司的再审申请。

┃裁判理由┃最高人民法院认为：第一，关于二审判决认定的基本事实是
否缺乏证据证明的问题。首先，关于甘国福用真龙公司账户进行股票交易行为
的性质问题。从一、二审法院查明的事实来看，甘国福自 2005 年起即为李德林
代理股票交易，真龙公司将涉案 43395522.27 元资金转入宏源证券友好路营业部
并与之签订证券交易代理合同协议书后，李德林将其设置的股票交易密码告知

甘国福，综合全案事实，可以认定真龙公司授权甘国福进行股票交易。甘国福的行为超越其职权范围，不应认定为职务行为，故其行为带来的后果不应由宏源证券友好路营业部承担责任。

其次，关于真龙公司申请再审提出的数份证据的认定与采信问题。（1）甘国福出具的《保证书》落款时间为2007年7月20日，而真龙公司于2007年8月8日才将涉案款项转入宏源证券友好路营业部，故从《保证书》的时间上不能证明真龙公司主张的涉案款项系储蓄存款，且宏源证券友好路营业并无储蓄业务，甘国福个人出具的《保证书》不能代表宏源证券友好路营业部的意思表示。（2）落款时间为2008年7月1日的《存款证明》，只能证明真龙公司将有关款项转入宏源证券友好路营业部，并不能证明双方是储蓄存款关系。（3）落款时间为2007年9月21日的《资金对账单》和《声明》，内容却包括了2007年9月25日的资金情况；落款时间为2008年7月1日的《历史资金存取查询》和《存款证明》，内容却包括了2008年7月3日的情况，上述证据在时间上存在不合逻辑之处。而若确如真龙公司所主张的该两份证据实际出具时间为2008年8月，则该两份证据不具备形式真实性。（4）三份落款时间为2008年7月1日的《保证书》，同一天出具的三份《保证书》在格式、内容、落款单位方面均存在不一致之处，不合常理。二审判决未予采信上述证据并无不当。

最后，关于真龙公司是否在宏源证券友好路营业部开立股票交易账户的问题。二审判决根据真龙公司授权李家旭办理证券账户开立及深沪股东账户事宜的2007年7月27日《授权委托书》、真龙公司与宏源证券友好路营业部于2007年7月27日签订的协议书、开户凭条、《客户交易结算资金银行存管协议书》，以及真龙公司于2007年11月27日从资金账户中取款73万元（支票存根中注明用途为保证金）、真龙公司的账户内发生过股票交易等事实，认定真龙公司在宏源证券友好路营业部开立股票交易账户，证据充分，并无不当。因此，二审判决认定真龙公司与宏源证券友好路营业部构成证券交易代理合同关系，有事实与法律依据。

第二，关于真龙公司提交的两份证据是否构成再审新证据的问题。真龙公司在再审申请书中仅提到了一份新证据，但其提交的证据中包括两份新证据。

首先，大连市西岗区人民法院于2012年3月2日对甘国福作出的笔录，系大连市西岗区人民法院在执行过程中要求对方协商和解执行协议时所作笔录。从形式来看，该笔录于2012年3月2日作出，而二审判决于2012年4月17日作出，真龙公司称其来不及向二审法院提交此份证据，理由不足，该证据形式

上不构成新证据。从内容来看，李德林问："我问一下甘国福，'开户申请表
（机构）'及'协议签署页'是干什么用的？"甘国福答："就是当时办理开户用
的和存款用的。"甘国福将开户和存款分开进行表述，并不能得出就是存款开户
的结论，因进行股票交易也需要先将款项存入账户。李德林问："我再问你一
下，你在市法院开庭时曾讲过，股票是我自己操作的，对不对？"甘国福答：
"我在开庭笔录上从来也没说过股票是你李德林操作的。"该表述并不能否认李
德林委托甘国福为其买卖股票的事实。李德林问："我还要问你一下，大连真龙
公司、李德林、王寿波、赵淑花在网上操作股票的终端是从哪里出来的？"甘国
福答："是我在电脑上操作出来的终端。"该表述仅能证明甘国福为李德林代为
操作股票交易的事实。因此，从内容来看，该份证据亦不构成再审新证据。

其次，关于宏源证券大连延安路营业部与李德林于2004年1月20日签署的
《协议书》。从形式来看，该《协议书》于2004年1月20日作出，系在起诉前
即存在且由李德林保管的材料，故该证据形式上不构成新证据。从内容来看，
真龙公司提交该证据是想证明宏源证券大连延安路营业部的工作人员曾违规操
作致李德林遭受损失、宏源证券大连延安路营业部最后赔偿的事实，但该事实
与本案并无关联性。故该份证据亦不构成再审新证据。

第三，关于二审判决适用法律是否确有错误的问题。《最高人民法院关于裁
判文书引用法律、法规等规范性法律文件的规定》第四条规定："民事裁判文书
应当引用法律、法律解释或者司法解释。对于应当适用的行政法规、地方性法
规或者自治条例和单行条例，可以直接引用。"二审判决适用国务院颁布的行政
法规《储蓄管理条例》，并结合证券法的相关规定，认定本案的法律关系性质，
并无不当。

第四，真龙公司依据《民事诉讼法》第一百七十九条第一款第（三）项事
由申请再审，但再审申请书中并未指出二审判决认定事实的哪份主要证据是伪
造的，故其主张不能得到支持。

综上，最高人民法院裁定驳回大连真龙贸易发展有限公司的再审申请。

（二）裁判旨要

对于证券交易代理合同纠纷类案件，应审查交易人运用账户进行股票交易的
行为性质，对于职务行为和超越代理权限范围而进行的行为的后果应进行区别。

（三）律师评析

本案由最高人民法院再审作出裁定，具有重要的参考价值，在一定程度上清晰反映了最高人民法院的裁判思路和对案件的整体把握。结合司法实践，律师认为从法律上对证券交易代理行为进行规制十分必要。在现有法律之下，以口头或其他非书面形式进行证券交易代理授权是合法的。

1. 针对案件的基础事实，厘清案件两层基本的法律关系

第一，基于真龙贸易发展有限公司与宏源证券股份有限公司大连友好路证券营业部签订了《证券交易委托代理协议书》及相关附属文件，真龙公司开设了资金账户及证券账户并汇入资金，该账户内发生了证券交易。根据《上海证券交易所交易规则》《深圳证券交易所交易规则》第三章"证券买卖"参与"上交所、深交所证券买卖的投资者必须事先指定一家会员作为其买卖证券的受托人，通过该会员参与本所市场证券买卖"的规定，又根据《证券公司管理暂行办法》第十二条"证券公司经营代理证券买卖业务"的规定，真龙公司与宏源证券股份有限公司大连友好路证券营业部之间对应的法律关系为委托代理关系。

该双方发生纠纷的处理较为简单，双方可按《民法总则》《合同法》中关于委托合同的法律规定及合同约定进行。若提起诉讼，可根据最高人民法院《民事案件案由规定》，应按其中第294项"证券交易代理合同纠纷"确定案由。

第二，本案甘国福与李德林之间对应的法律关系为委托理财关系，即李德林委托甘国福代为在证券市场上管理资产，操作交易，买卖股票，进行理财。

从《证券法》相关法律法规的角度看，本案不同于普通自然人之间委托关系的核心在于甘国福的身份。甘国福为宏源证券友好路营业部负责人，属于证券从业人员。《证券法》第一百四十三条、一百四十四条、一百四十五条之规定，明确禁止证券公司及其从业人员未经依法设立的营业场所私下接受客户委托买卖证券，甘国福作为证券从业人员，其个人没有受托理财的经营范围，属于超越经营范围订立合同的行为，其代买证券理财的行为违反了《证券法》中对证券从业人员的禁止经营的强制性规定，在法律认定上应属于无效行为。

2. 当事人一般可通过主张损失的方式维权

在明确法律关系及其分别对应的效力后，对于甘国福和李德林之间的委托代炒股行为归于无效后的民事责任承担问题，李德林可根据合同无效的法律后

果来主张相应责任，一般包括要求返还、折价补偿、赔偿。但鉴于股票交易一般通过电子交易系统完成，交易对手涉及多方主体，采取一般合同无效恢复原状的处理方式将极大破坏股票交易秩序，因此，当事人一般无法请求恢复原状，而应通过主张损失的方式维护自身权利。

在司法实践中，法院在立案选择案由时，可能无法在最初直接判断委托行为的效力，因此通常按委托理财纠纷进行立案，但立案案由对法院审理并不会起到决定作用，在后续审理过程中通常先对委托行为的效力进行论证判断。关于损失的数额和责任承担，律师认为应以委托代炒股时账户资产与移交账户时账户资产之差作为损失数额本金，双方根据过错对委托期间账户资产的减少承担相应责任。

（四）相关法条及司法解释

《中华人民共和国民法典》

第一百六十一条　民事主体可以通过代理人实施民事法律行为。

依照法律规定、当事人约定或者民事法律行为的性质，应当由本人亲自实施的民事法律行为，不得代理。

第一百六十二条　代理人在代理权限内，以被代理人名义实施的民事法律行为，对被代理人发生效力。

第一百六十三条　代理包括委托代理和法定代理。

委托代理人按照被代理人的委托行使代理权。法定代理人依照法律的规定行使代理权。

第一百六十四条　代理人不履行或者不完全履行职责，造成被代理人损害的，应当承担民事责任。

代理人和相对人恶意串通，损害被代理人合法权益的，代理人和相对人应当承担连带责任。

第一百六十七条　代理人知道或者应当知道代理事项违法仍然实施代理行为，或者被代理人知道或者应当知道代理人的代理行为违法未作反对表示的，被代理人和代理人应当承担连带责任。

第一百六十八条　代理人不得以被代理人的名义与自己实施民事法律行为，但是被代理人同意或者追认的除外。

代理人不得以被代理人的名义与自己同时代理的其他人实施民事法律行为，

但是被代理的双方同意或者追认的除外。

第一百七十一条 行为人没有代理权、超越代理权或者代理权终止后，仍然实施代理行为，未经被代理人追认的，对被代理人不发生效力。

相对人可以催告被代理人自收到通知之日起三十日内予以追认。被代理人未作表示的，视为拒绝追认。行为人实施的行为被追认前，善意相对人有撤销的权利。撤销应当以通知的方式作出。

行为人实施的行为未被追认的，善意相对人有权请求行为人履行债务或者就其受到的损害请求行为人赔偿。但是，赔偿的范围不得超过被代理人追认时相对人所能获得的利益。

相对人知道或者应当知道行为人无权代理的，相对人和行为人按照各自的过错承担责任。

第一百七十二条 行为人没有代理权、超越代理权或者代理权终止后，仍然实施代理行为，相对人有理由相信行为人有代理权的，代理行为有效。

《中华人民共和国证券法》（2019 年修订）

第一百二十条 证券公司从事证券融资融券业务，应当采取措施，严格防范和控制风险，不得违反规定向客户出借资金或者证券。

第一百三十四条 证券公司办理经纪业务，不得接受客户的全权委托而决定证券买卖、选择证券种类、决定买卖数量或者买卖价格。

证券公司不得允许他人以证券公司的名义直接参与证券的集中交易。

第一百三十五条 证券公司不得对客户证券买卖的收益或者赔偿证券买卖的损失作出承诺。

第一百三十六条 证券公司的从业人员在证券交易活动中，执行所属的证券公司的指令或者利用职务违反交易规则的，由所属的证券公司承担全部责任。

证券公司的从业人员不得私下接受客户委托买卖证券。

第一百三十七条 证券公司应当建立客户信息查询制度，确保客户能够查询其账户信息、委托记录、交易记录以及其他与接受服务或者购买产品有关的重要信息。

证券公司应当妥善保存客户开户资料、委托记录、交易记录和与内部管理、业务经营有关的各项信息，任何人不得隐匿、伪造、篡改或者毁损。上述信息的保存期限不得少于二十年。

第八章　证券上市保荐合同纠纷

一、证券上市保荐合同纠纷概述

证券上市保荐制度是经证券主管机关批准具有法定资格的证券公司（保荐人）按照法律规定为上市公司申请上市承担推荐职责，并为上市公司此后的信息披露等持续上市行为向投资者、交易所及证券监管机关承担保证与推荐义务的制度。证券上市保荐合同是指证券发行人就聘请具有保荐资格的证券公司为其证券上市担任保荐人而签订的协议。根据我国法律有关规定，保荐制度中保荐人的职责是负责发行人的上市推荐和辅导，核实公司发行文件和上市文件中所载资料的真实性、准确性和完整性，协助发行人建立严格的信息披露制度。在公司上市后的规定时间内，保荐人需继续协助公司建立规范的法人治理结构，督促公司遵守上市规定，并对上市公司的信息披露负连带责任。

证券上市保荐合同，是指证券发行人就聘请具有保荐资格的证券公司为其证券上市担任保荐人而签订的协议。协议的主要内容包括聘请事宜、费用、保荐协议终止事项以及双方在证券发行上市期间和上市之后一系列行为中的权利义务和内部责任承担等事项。

《民事案件案由规定》第一级案由第八部分是"与公司、证券、保险、票据等有关的民事纠纷"，其下二级案由之二十四是"证券纠纷"，证券交易合同纠纷是该二级案由下的第三级案由，即"295·证券上市保荐合同纠纷"。

司法实践中，证券上市保荐合同纠纷主要包括两种：一是股票上市保荐合同纠纷，指股票发行人与保荐人之间因股票上市保荐合同的成立、履行、终止等发生的各种纠纷（通常又包括股份有限公司首次公开发行的股票保荐合同纠纷、上市公司发行新股的保荐合同纠纷等）。二是可转换公司证券（可转换公司证券，是指可转换为公司股票的公司证券）的上市保荐合同纠纷，指可发行可转换公司证券的上市公司与保荐人之间就可转换公司证券的上市发行签订合同，合同当事人就该合同的成立、履行、变更、终止等发生的各种纠纷。证券上市保荐合同纠纷案件，由被告住所地或者合同履行地人民法院管辖。

二、保荐合同约定的权利义务对当事人都有约束力

处理证券上市保荐合同纠纷首先要明确保荐合同所约定的双方权利义务。保荐合同是明确双方权利义务的基础和依据，这是法庭审理的重点，洛阳中岳光能股份有限公司诉洛阳安信投资担保有限公司证券上市保荐合同纠纷案就很具有代表性。

（一）典型案例

☞ **洛阳中岳光能股份有限公司诉洛阳安信投资担保有限公司证券上市保荐合同纠纷案**[1]

【关键词】 挂牌上市　保荐协议　保荐费用

｜基本案情｜ 再审申请人（一审被告、二审上诉人）：洛阳安信投资担保有限公司，法定代表人：安昵；被申请人（一审原告、二审被上诉人）：洛阳中岳光能股份有限公司，法定代表人：王守德。

洛阳中岳光能股份有限公司因与洛阳安信投资担保有限公司证券上市保荐合同纠纷案一案，向洛阳市洛龙区人民法院起诉。原告洛阳中岳光能股份有限公司的诉讼请求：（1）请求依法判决被告退还保荐费 50 万元；（2）请求依法判决被告赔偿原告为工作支付的 47050 元。

一审查明：原告洛阳中岳光能股份有限公司与被告洛阳安信投资担保有限公司于 2010 年 11 月 3 日签订《河南省技术产权交易所企业挂牌保荐协议》，经双方协商，达成如下协议：甲方即原告向乙方即被告提供所需的有关文件和资料，对提供资料的真实、完整、合法性负责，提供必要的工作条件，如办公场所，交通工具。并派出熟悉业务的专业人员配合乙方工作。甲方应按照本协议

----

[1] 河南省高级人民法院（2014）豫法立二民申字第 01114 号。

规定的收费标准和办法按时支付相关费用。乙方为甲方从事保荐工作的期限为甲方企业股权申请挂牌期间和挂牌上市当年余下时间及其后的两个会计年度。经甲、乙双方协商，本次保荐工作的费用为人民币50万元，甲方应在协议签订后三日内支付。该协议生效后，双方均依约履行，原告如期向被告汇款50万元，被告亦出示收据。被告依约为原告办理挂牌上市手续，开始为其作企业挂牌保荐工作，并先后由原告为该项工作支付住宿、餐饮、交通、燃油等多项费用47050元。但超过两个会计年度后，被告未给原告办理成功企业挂牌上市业务。

被告在庭审中提交河南省技术产权交易所《情况说明》："洛阳安信投资担保有限公司作为洛阳中岳光能股份有限公司的首次公开挂牌交易的推荐人于2010年11月12日将洛阳中岳光能股份有限公司挂牌公告书报送我处，进行登记。截至目前，洛阳中岳光能股份有限公司未挂牌进场交易。2012年11月23日。"还提交河南省工业和信息化厅于2010年11月21日发布的《关于国家区域性（河南）中小企业产权交易市场暂停交易的公告》载明："针对国家区域性（河南）中小企业产权交易市场自11月12日开盘以来试点运行情况，经研究，决定自11月12日（星期一）起暂停市场交易及相关活动。期限暂定为一个月。暂停交易期间和重新开始，要切实维护好各方合法权益。"河南省工业和信息化厅于2010年12月21日日发布的《关于区域性（河南）中小企业产权交易市场恢复运作的公告》载明："区域性（河南）中小企业产权交易市场（以下简称产权交易市场）自11月22日暂停交易以来，针对前期交易过程中出现的一些具体问题，进一步明晰了政策界限，完善了市场运行规则。经研究，决定自12月22日（星期三）起，产权交易市场恢复运作，按修订后的交易规则逐步恢复。修订后的交易规则和参与市场的各关联方处置办法已经批准，由河南省技术产权交易所发布公告。"河南省技术产权交易所于2010年12月21日发布的《关于区域性（河南）中小企业产权交易市场各关联方处置公告》载明："区域性（河南）中小企业产权交易市场（以下简称产权交易市场）定于12月22日按照修订后的交易规则恢复运作。"

一审法院认为：被告虽为原告的企业挂牌上市作出一定工作，但在双方约定的期限内至今未给原告办成功企业挂牌上市的业务，未完成合同约定的根本任务，合同目的无法实现，符合合同法规定的合同终止情形，被告应当依法将收取原告的保荐费退还原告。被告给原告办理企业挂牌上市业务后，原告先后支出的多项费用，系双方办理业务的共同消费支出，原告要求返还没有法律规定和合同依据，不予支持。被告辩称由于政策原因导致双方所签协议无法履行，其在履行协议中没有违约行为，不应退还保荐费，更不应承担原告所说的损失，但依据被告提交的政府有关部门的政策，企业挂牌上市的产权交易仅停止一个月便恢复运作，在两个会计年度的办理期限内，应当有充足的时间办理，现未办成功，其辩称法院不予采信。依据《民法通则》《合同法》有关合同权利义务终止和违约责任之规定，判决被告洛阳安信投资担保有限公司于判决生效后十日内退还原告洛阳中岳光能股份有限公司企业挂牌上市保荐费50万元。驳回原告其他诉讼请求。

二审法院认为：双方签订的《河南省技术产权交易所企业挂牌保荐协议》，系双方当事人真实意思表示，不违背法律规定，为有效协议。按照协议约定，洛阳安信投资担保有限公司的合同义务系为洛阳中岳光能股份有限公司在股权上市前指导其制作、报送企业股权挂牌上市申请文件并负责与交易所进行沟通的推荐工作以及股权上市后对其提供遵守法律、法规及交易所相关规定的专业指导意见并指导其规范运作等辅导义务。协议并未约定洛阳安信投资担保有限公司保证洛阳中岳光能股份有限公司股权上市成功，且洛阳安信投资担保有限公司只是企业股权上市推荐人，其无权决定企业股权是否挂牌上市。因此，原审认定的在双方约定的期限内上诉人至今未给被上诉人成功办理企业挂牌上市业务，缺乏合同依据。协议签订后，洛阳安信投资担保有限公司即进行考察，收集相关资料，协调相关部门，在资产评估所和会计师事务所等出具报告后，出具了《洛阳安信投资担保有限公司关于洛阳中岳光能股份有限公司股权首次交易挂牌交易之推荐书》，并报送至河南省技术产权交易所进行上市申请登记。后受政策等因素影响，股权未成功挂牌上市。按协议约定"乙方为甲方从事保荐工作的期限为甲方企业股权申请挂牌期间和挂牌上市当年余下时间及其后两个会计年度"，由于股权未成功挂牌上市，洛阳安信投资担保有限公司对洛阳中岳光能股份有限公司在股权挂牌上市后的服务义务即不存在，其相应的保荐费应予退还。根据洛阳安信投资担保有限公司所做的保荐工作及提供的服务时间等综合考虑，洛阳安信投资担保有限公司应退还保荐费45万元较为适宜。综上，原审认定事实基本清楚，但处理内容欠妥，二审法院予以纠正。

|裁判结果| 洛阳市洛龙区人民法院一审判决：被告洛阳安信投资担保有限公司于判决生效后十日内退还原告洛阳中岳光能股份有限公司企业挂牌上市保荐费50万元；驳回原告其他诉讼请求。

洛阳市中级人民法院二审判决：原审认定事实基本清楚，但处理内容欠妥，二审法院予以纠正。

河南省高级人民法院再审裁定：驳回洛阳安信投资担保有限公司的再审申请。

│裁判理由│ 再审法院认为：（1）2010年11月3日，中岳光能公司与安信担保公司签订了《河南省技术产权交易所企业挂牌保荐协议》后，安信担保公司指定了推荐代表人，根据相关资料出具了《洛阳安信投资担保有限公司关于洛阳中岳光能股份有限公司股权首次挂牌交易之推荐书》，并报送到河南省技术产权交易所进行上市申请登记。按协议约定"安信担保公司为中岳光能公司从事保荐工作的期限为股权申请挂牌期间和挂牌上市当年余下时间及其后二个会计年度"，由于受政策等因素影响，中岳光能公司股权未成功挂牌上市。故二审法院根据双方的约定及安信担保公司在申请挂牌期间所做保荐工作等因素综合考虑，判决安信担保公司退还保荐费45万元并无不当。（2）安信担保公司再审时提交的河南省人民政府办公厅《关于保留河南省技术产权交易所有限公司等18家交易场所经营资格的通知》（豫政办〔2014〕24号），仅能说明河南省政府根据国务院的文件要求对各类交易场所清理整顿后，同意保留河南省技术产权交易所的经营资格，并不能必然导致中岳光能公司股权挂牌上市成功，故安信担保公司的再审理由不能成立。综上，裁定驳回洛阳安信投资担保有限公司的再审申请。

（二）裁判旨要

处理证券上市保荐合同纠纷的第一步是要明确保荐合同所约定的双方权利义务，而保荐合同（协议）是明确双方权利义务的基础和依据，责任的承担需要根据该合同约定进行确定。

（三）律师评析

通过中国裁判文书网及北大法宝司法案例检索，证券上市保荐合同纠纷案由共24例民事案件，包括高级人民法院的2例裁定书，中级人民法院审结（二审）判决书共计2例、裁定书4例，初级法院文书16例。本案由河南省高级人民法院再审，具有一定的参考性。

有关证券上市保荐工作，尚未检索出相关刑事案例，但《最高人民法院关于为设立科创板并试点注册制改革提供司法保障的若干意见》第八点要求严厉打击干扰注册制改革的证券犯罪和金融腐败犯罪，维护证券市场秩序。依法从严惩治申请发行、注册等环节易产生的各类欺诈和腐败犯罪。压实保荐人对发行人信息的核查、验证义务，保荐人明知或者应当明知发行人虚构或者隐瞒重要信息、骗取发行注册的，依法追究刑事责任。依法从严惩治违规披露、不披露重要信息、内幕交易、利用未公开信息交易、操纵证券市场等金融犯罪分子，严格控制缓刑适用，依法加大罚金刑等经济制裁力度。

证券上市保荐合同纠纷实际是证券发行人和其聘请的具有保荐资格的证券公司之间的权利义务纠纷。要解决纠纷，首先应当明确双方的权利义务关系，以法律和当事人之间的合同约定为依据，尊重双方真实意思表示。判断意思表示时应当遵循折中主义，既要考虑表意人表示的是什么，又要考虑表意受领人对表意做何理解。依据《合同法》第一百二十五条第一款规定，司法实践中对合同双方意思表示的判断应当按照合同所使用的词句、合同的有关条款、合同的目的、交易习惯以及诚实信用原则确定该条款的真实意思。

本案值得关注的问题有：

第一，由于一审法院错误认定双方权利义务关系，导致一审判决对双方责任分配不当。本案中当事人的约定"乙方为甲方从事保荐工作的期限为甲方企业股权申请挂牌期间和挂牌上市当年余下时间及其后两个会计年度"，无论从字面意思解释，还是从合同的目的以及交易习惯解释，都应当是一种辅助性义务，而不是保证上市的义务。

第二，关于保荐人的义务与责任。《证券法》要求保荐人对发行人的申请文件和信息披露资料进行审慎核查，督导发行人规范运作。根据《证券发行上市保荐业务管理办法》第三十三条的规定，在发行保荐书和上市保荐书中，保荐机构应当就下列事项作出承诺：发行人符合法律法规及中国证监会有关证券发行上市的相关规定；申请文件和信息披露资料不存在虚假记载、误导性陈述或者重大遗漏；发行人及其董事在申请文件和信息披露资料中表达意见的依据充分合理；申请文件和信息披露资料与证券服务机构发表的意见不存在实质性差异；保证所指定的保荐代表人及本保荐机构的相关人员已勤勉尽责，对发行人申请文件和信息披露资料进行了尽职调查、审慎核查；保证保荐书、与履行保荐职责有关的其他文件不存在虚假记载、误导性陈述或者重大遗漏；保证对发行人提供的专业服务和出具的专业意见符合法律、行政法规、中国证监会的规定和行业规范。2015 年修正的《证券法》第一百九十二条规定，对保荐人出具

有虚假记载、误导性陈述或者重大遗漏的保荐书，或者不履行其他法定职责的
行为予以惩罚。

（四）相关法条及司法解释

《中华人民共和国证券法》（2019 年修订）

第十条　发行人申请公开发行股票、可转换为股票的公司债券，依法采取
承销方式的，或者公开发行法律、行政法规规定实行保荐制度的其他证券的，
应当聘请证券公司担任保荐人。

保荐人应当遵守业务规则和行业规范，诚实守信，勤勉尽责，对发行人的
申请文件和信息披露资料进行审慎核查，督导发行人规范运作。

保荐人的管理办法由国务院证券监督管理机构规定。

第一百八十二条　保荐人出具有虚假记载、误导性陈述或者重大遗漏的保
荐书，或者不履行其他法定职责的，责令改正，给予警告，没收业务收入，并
处以业务收入一倍以上十倍以下的罚款；没有业务收入或者业务收入不足一百
万元的，处以一百万元以上一千万元以下的罚款；情节严重的，并处暂停或者
撤销保荐业务许可。对直接负责的主管人员和其他直接责任人员给予警告，并
处以五十万元以上五百万元以下的罚款。

《中华人民共和国民法典》

第五百五十七条　有下列情形之一的，债权债务终止：

（一）债务已经履行；

（二）债务相互抵销；

（三）债务人依法将标的物提存；

（四）债权人免除债务；

（五）债权债务同归于一人；

（六）法律规定或者当事人约定终止的其他情形。

合同解除的，该合同的权利义务关系终止。

三、当事人之间协议性质和目的的重要性

下文中襄阳汇瑞投资股份有限公司诉湖北福汉集团晶辉新材料股份公司服
务合同纠纷案就是一个具有代表性的案例。

（一）典型案例

☞ 襄阳汇瑞投资股份有限公司诉湖北福汉集团晶辉新材料股份公司服务合同纠纷案[2]

【关键词】 推荐挂牌协议　服务合同　保荐资格

│基本案情│ 上诉人（原审被告）：湖北福汉集团晶辉新材料股份公司，法定代表人：王勇；被上诉人（原审原告）：襄阳汇瑞投资股份有限公司，法定代表人：邓跃先。

原告襄阳汇瑞投资股份有限公司因与被告湖北福汉集团晶辉新材料股份公司服务合同纠纷一案，向随县人民法院起诉。原告提出诉讼请求：（1）判令被告支付原告的挂牌服务费12万元；（2）赔偿原告的损失、支付滞纳金3.36万元（以12万元为基数，自2015年6月5日起按月息2%计算至实际支付之日止）；（3）诉讼费、保全费由被告承担。

一审查明：2014年11月28日，原告襄阳汇瑞投资股份有限公司（乙方）与随州市晶辉高分子材料有限公司（甲方）签订《推荐企业挂牌上市协议书》。双方在合同中约定：原告携其战略合作的会计师事务所及律师事务所共同为甲方的股权申报挂牌事宜提供保荐挂牌等相关服务。具体为：原告及会计师事务所、律师事务所进驻企业后，认为甲方基本符合挂牌条件，三日内甲方向原告付服务费15万元；甲方在完成股改，拿到新的工商营业执照后，三日内甲方再次向原告支付15万元；剩余20万元在武汉股权托管交易中心专家挂审会通过后，甲方三日内一次性支付给原告。合同签订后，原告按约定携会计师事务所、律师事务所进驻随州市晶辉高分子材料有限公司，按约定完成股改。

2015年4月8日，随州市晶辉高分子材料有限公司变更为湖北晶辉新材料股份有限公司。2015年6月5日，原告将湖北晶辉新材料股份有限公司推荐至武汉股权托管交易中心挂牌。2016年1月22日，湖北晶辉新材料股份有限公司名称变更为湖北福汉集团晶辉新材料股份公司。双方在履行合同中，被告于2015年4月10日、6月16日、8月14日，2016年2月3日、5月20日，分别向原告付款5万元、5万元、20万元、5万元、3万元，为索要剩余12万元服务

----

[2]　随州市中级人民法院（2017）鄂13民终493号。

费，原告遂诉至法院，请求法院支持其诉讼请求。

被告辩称原告不具备保荐机构的条件，其从事保荐业务未经中国证监会核准。其从事保荐服务超出经营范围，原告与被告签订的《推荐企业挂牌上市协议书》属无效合同，原告收取保荐服务费没有法律依据。原告违规从事保荐服务，已经收取的 38 万元服务费依法应当返还。

原告襄阳汇瑞投资股份有限公司于 2012 年 2 月 21 日成立，经营范围：对中小企业投资；经济信息咨询服务。2013 年 6 月由武汉股权托管交易中心有限公司获准成为其中心推荐机构会员。随州市晶辉高分子材料有限公司于 2013 年 4 月 7 日成立，经营范围：高分子材料生产、销售；木塑室内装饰材料生产、销售等，注册资本 2500 万元。股改后，变更为湖北晶辉新材料股份有限公司，2016 年 1 月 22 日变更为湖北福汉集团晶辉新材料股份公司。

一审认为：本案争议的是原告、被告之间的合同纠纷是证券上市保荐合同纠纷还是服务合同纠纷。服务合同是指服务提供者与服务接受者之间约定的有关权利义务关系的协议。服务合同的标的是提供服务而不是物的交付，服务合同的一方主体多为专门从事服务业的公民或法人。证券上市保荐合同是指证券发行人就聘请具有保荐资格的证券公司为其上市担任保荐人而签订的协议。

就原告公司而言，原告公司经营范围是对中小企业投资、经济信息咨询服务，根本不符合为上市公司保荐的条件，就被告公司而论，被告公司不论在股改前，还是挂牌后为现在的湖北福汉集团晶辉新材料股份公司均不符合上市公司的条件。原告与被告签订合同的目的，是为被告的公司股改后，能在武汉股权托管交易中心挂牌，进行融资。原告公司是武汉股权托管交易中心有限公司的会员，具有推荐企业挂牌的资格，原告公司经营范围也符合与被告签订合同约定的服务义务，被告公司，在与原告签订合同后，按原告的要求，进行股改后，能成功地在武汉股权托管交易中心挂牌，双方进行的是有偿服务合同，本案定为服务合同，符合本案的事实和法律规定。

原告、被告签定的合同并不违反国家法律、政策的禁止性规定，是双方真实意思的表示，应为有效合同。原告按照合同的约定，在对被告公司进行股改后，让被告公司成功地在武汉股权托管交易中心挂牌，全面履行了合同中约定原告应当履行的义务，被告也应按合同约定支付原告服务后应取得的报酬，即支付挂牌服务费 50 万元。尚未支付的 12 万元属违约，依合同违约条款支付。判决被告于判决生效之日起十日内支付原告的服务报酬款 12 万元，并承担违约金，被告承担诉讼费用。

|裁判结果| 一审支持了原告诉讼请求。

二审判决：驳回上诉请求，维持原判。

|裁判理由| 二审认为：上诉人湖北福汉集团晶辉新材料股份公司与被上诉人襄阳汇瑞投资股份有限公司签订的《推荐企业挂牌上市协议书》，是双方当事人真实意思表示，内容不违反法律的强制性规定，为合法有效的协议。

依照合同约定，襄阳汇瑞投资股份有限公司将湖北福汉集团晶辉新材料股份公司推荐至武汉股权托管交易中心挂牌，完成了合同约定义务，湖北福汉集团晶辉新材料股份公司上诉称襄阳汇瑞投资股份有限公司向其提供的是公司上市保荐服务，襄阳汇瑞投资股份有限公司不具有保荐资格，在签订合同时存在欺诈行为，合同无效的上诉请求不能成立，法院不予支持。

湖北福汉集团晶辉新材料股份公司上诉称襄阳汇瑞投资股份有限公司亦不具备推荐资格，因襄阳汇瑞投资股份有限公司一审中已经提供了其已经获得武汉股权托管交易中心推荐资格的证据，湖北福汉集团晶辉新材料股份公司的该上诉理由不能成立，法院不予支持。综上所述，二审作出驳回上诉请求，维持一审决定的判决。

（二）裁判旨要

合同内容真实且不违反国家法律、政策的禁止性规定，应当认定合同有效，并根据合同约定内容和实际履行认定合同性质。

（三）律师评析

通过中国裁判文书网及北大法宝司法案例检索，证券上市保荐合同纠纷案由共24例民事案件，包括高级人民法院的2例裁定书，中级人民法院审结（二审）判决书共计2例、裁定书4例，初级法院文书16例。本案是由随州市中级人民法院判决中的一例反面案例，具有一定的参考性。

证券上市保荐合同是具有保荐资格的保荐机构与发行人签订的，由保荐机构为发行人保荐上市并督导上市后一段时间的工作的合同。《证券发行上市保荐业务管理办法》对保荐资格作出要求：注册资本不低于人民币1亿元，净资本不低于人民币5000万元，有完善的公司治理和内部控制制度，风险控制指标符合相关规定；保荐业务部门具有健全的业务规程、内部风险评估和控制系统，内部机构设置合理，具备相应的研究能力、销售能力等后台支持，具有良好的保荐业务团队且专业结构合理，从业人员不少于 35 人，其中最近 3 年从事保荐相关业务的人员不少于 20 人，符合保荐代表人资格条件的从业人员不少于 4 人，最近 3 年内未因重大违法违规行为受到行政处罚的为合格保荐机构。

在司法实践中，判断保荐机构是否合格主要依据《证券发行上市保荐业务管理办法》第十条。第一，公司依法提出保荐机构资格申请。提出保荐机构资格申请应向中国证监会提交申请报告、股东（大）会和董事会关于申请保荐机构资格的决议、公司设立批准文件和营业执照复印件。第二，公司治理水平审查合格。合格保荐机构应就以下事项获得中国证监会批准：公司治理和公司内部控制制度及执行情况的说明，董事、监事、高级管理人员和主要股东情况的说明，内部风险评估和控制系统及执行情况的说明，保荐业务尽职调查制度、辅导制度、内部核查制度、持续督导制度、持续培训制度和保荐工作底稿制度的建立情况，符合规定的最近 1 年度净资本计算表、风险资本准备计算表和风险控制指标监管报表。第三，公司人员设置合规。审查依据包括：保荐业务部门机构设置、分工及人员配置情况的说明，研究、销售等后台支持部门的情况说明，保荐业务负责人、内核负责人、保荐业务部门负责人和内核小组成员名单及其简历，证券公司指定联络人的说明，证券公司对申请文件真实性、准确性、完整性承担责任的承诺函并应由其全体董事签字。

就本案而言，律师提示关注两个问题：

第一，法院认定合同不是证券上市保荐合同，主要依据是合同主体资格和合同真实内容。依据《证券法》，保荐合同要求具有保荐资格的保荐机构为一方主体，且合同内容为保荐发行和发行后的督导工作。本案原告主要提供中小企业投资、经济信息咨询服务，根据其经营范围来判断，原告根本不符合为上市公司保荐的条件，因此双方法律关系是服务合同法律关系。

第二，对于意思表示真实、不违反效力性强制规定的合同应认定有效，合同性质依据合同特征、主要条款和实际履行情况认定。依据《合同法》第五十六条规定，合同部分无效，不影响其他部分效力的，其他部分仍然有效。本案保荐行为虽属无效，但其他履行因符合服务合同的特征且为双方真实意思而有效，故不支持被告的抗辩。本案双方真实合意为原告为被告帮助股改、推荐挂牌，原告义务已履行完毕，应当获得全部报酬。这也反映司法机关从鼓励和保护交易的角度进行慎重考量。

(四) 相关法条及司法解释

《中华人民共和国证券法》(2019 年修订)

第十条 发行人申请公开发行股票、可转换为股票的公司债券，依法采取承销方式的，或者公开发行法律、行政法规规定实行保荐制度的其他证券的，应当聘请证券公司担任保荐人。

保荐人应当遵守业务规则和行业规范，诚实守信，勤勉尽责，对发行人的申请文件和信息披露资料进行审慎核查，督导发行人规范运作。

保荐人的管理办法由国务院证券监督管理机构规定。

第一百八十二条 保荐人出具有虚假记载、误导性陈述或者重大遗漏的保荐书，或者不履行其他法定职责的，责令改正，给予警告，没收业务收入，并处以业务收入一倍以上十倍以下的罚款；没有业务收入或者业务收入不足一百万元的，处以一百万元以上一千万元以下的罚款；情节严重的，并处暂停或者撤销保荐业务许可。对直接负责的主管人员和其他直接责任人员给予警告，并处以五十万元以上五百万元以下的罚款。

第九章　证券返还纠纷

一、证券返还纠纷概述

证券返还纠纷，是指一方当事人主张对其他证券账户中的特定证券享有所有权，进而要求对方返还证券而引发的纠纷。

司法实践中，证券返还纠纷主要包括两种：一是利用他人账户从事证券买卖而产生的返还请求权人要求对方返还证券而引发的纠纷；二是借用他人名义开设账户或者委托他人以他人名义从事证券买卖而引起证券返还请求权人要求对方返还证券而引发的纠纷。证券返还纠纷案件，由侵权行为地或者被告住所地人民法院管辖。证券返还纠纷，属于返还请求权的一种情形，首先应确认账户中资金或证券的所有权，返还请求权人须证明系利用他人账户从事证券买卖、借用他人名义开设账户或者委托他人以他人名义从事证券买卖，若不能证明，则其返还请求权的主张难以得到实现。证券持有人请求他人返还非法或不当占有的证券纠纷属于侵权纠纷，根据《民事诉讼法》第二十九条规定，可由被告住所地、侵权行为发生地或侵权结果地法院管辖。

二、处理证券返还纠纷类案件的关键是准确认定法律关系

证券返还纠纷类案件一般需要注意把握案件中相关背景、相关主体投资的目的以及关键主体的事业目的，同时需要厘清各主体之间的法律关系。

(一) 典型案例

☞ 张旭辉诉孙进林、杜秀山证券返还纠纷[1]

【关键词】借壳上市　收购股权　委托代理

━━━━━━━━━━━━━━━━━━━━━━━━━━━━━━━━━━━━━━━

|基本案情| 再审申请人（一审被告、二审上诉人）：孙进林；被申请人（一审原告、二审被上诉人）：张旭辉；一审被告：杜秀山。

再审申请人孙进林因与被申请人张旭辉、一审被告杜秀山证券返还纠纷一案，不服江苏省高级人民法院（2015）苏商外终字第00043号民事判决，向最高人民法院申请再审。

孙进林申请再审请求：撤销江苏省高级人民法院（2015）苏商外终字第00043号民事判决和江苏省镇江市中级人民法院（2014）镇商外初字第3号民事判决，改判驳回张旭辉的诉讼请求，诉讼费用由张旭辉承担。

2002年1月3日，时任茅山管委会主任文雁才与孙进林、张旭辉签订的《合资备忘录》约定，茅山管委会、孙进林或其所持的新大众公司、张旭辉或其所持的耀裕公司拟合资成立茅山旅游公司。茅山旅游公司主要负责完成联合收购壳公司目标，实现借壳上市，面向资本市场，发展茅山旅游。随后，孙进林与张旭辉共同设立国际证券公司，孙进林占60%股份，张旭辉占40%股份。2002年5月6日，茅山管委会与国际证券公司签订《合资协议》，约定茅山管委会与国际证券公司合资设立茅山旅游公司，茅山管委会占40%股份，国际证券公司占60%股份。该协议第六条载明，茅山旅游公司主要完成联合收购壳公司目标，以实现面向资本市场，融资发展茅山旅游。2002年6月4日，茅山管委会与国际证券公司签订《补充协议》，约定双方同意全权委托新大众公司代表国际证券公司全面履行出资义务并享有相应权利，茅山旅游公司注册资本按实际注册。新大众公司及其法定代表人孙进林在该《补充协议》上签章。据此，茅山管委会、孙进林、张旭辉为实现借壳上市的投资目的共同筹建茅山旅游公司。茅山旅游公司设立过程中，张旭辉与孙进林共同组建国际证券公司且孙进林另持有新大众公司，后张旭辉与孙进林实际以新大众公司为发起人与茅山管委会合资成立茅山旅游公司，茅山旅游公司的事业目的为收购上市公司股权并以茅

━━━━━━━━━━━━━━━━━━━━━━━━━━━━━━━━━━━━━━━

〔1〕 最高人民法院（2018）最高法民再143号。

山旅游公司的名义对上市公司控股。

│裁判结果│ 江苏省高级人民法院认定相关事实基本清楚，适用法律虽有瑕疵，但裁判结果正确，最高人民法院予以维持。判决维持江苏省高级人民法院（2015）苏商外终字第00043号民事判决。

│裁判理由│ 再审法院认为，本案讼争的解决需要根据本案以及合并审理的其他案件查明的事实，按照相关法律规定予以综合认定并作出判断。

（1）关于茅山旅游公司的设立及其事业目的

2002年1月3日，时任茅山管委会主任文雁才与孙进林、张旭辉签订的《合资备忘录》约定，茅山管委会、孙进林或其所持的新大众公司、张旭辉或其所持的耀裕公司拟合资成立茅山旅游公司。茅山旅游公司主要负责完成联合收购壳公司目标，实现借壳上市，面向资本市场，发展茅山旅游。随后，孙进林与张旭辉共同设立国际证券公司，孙进林占60%股份，张旭辉占40%股份。2002年5月6日，茅山管委会与国际证券公司签订《合资协议》，约定茅山管委会与国际证券公司合资设立茅山旅游公司，茅山管委会占40%股份，国际证券公司占60%股份。该协议第六条载明，茅山旅游公司主要完成联合收购壳公司目标，以实现面向资本市场，融资发展茅山旅游。2002年6月4日，茅山管委会与国际证券公司签订《补充协议》，约定双方同意全权委托新大众公司代表国际证券公司全面履行出资义务并享有相应权利，茅山旅游公司注册资本按实际注册。新大众公司及其法定代表人孙进林在该《补充协议》上签章。据此，茅山管委会、孙进林、张旭辉为实现借壳上市的投资目的共同筹建茅山旅游公司。茅山旅游公司设立过程中，张旭辉与孙进林共同组建国际证券公司且孙进林另持有新大众公司，后张旭辉与孙进林实际以新大众公司为发起人与茅山管委会合资成立茅山旅游公司，茅山旅游公司的事业目的为收购上市公司股权并以茅山旅游公司的名义对上市公司控股。

（2）关于茅山管委会、张旭辉、林文的投资目的与投资方式

结合张旭辉和孙进林为设立茅山旅游公司而发生的资金往来情况和茅山管委会在茅山旅游公司成立后向其香港账户汇付资金的事实，以及《经营管理协议》中总经理负责全面工作、重点负责借壳上市的约定，茅山管委会、张旭辉在收购中负责提供资金，孙进林主要负责经营资本实现借壳上市。《合资协议》约定，茅山旅游公司主要完成联合收购壳公司目标，借壳上市成功后，茅山管委会可按当时茅山旅游公司按市价计的资产净值1∶1折股以现金进行增资扩股，并可成为大股东。由此，茅山管委会的投资目的是实现茅山旅游公司借壳

上市并成为该公司大股东。《验资事项说明》载明,截至 2002 年 6 月 3 日,茅山旅游公司(筹)已收到全体股东缴纳的注册资本合计人民币 200 万元,茅山管委会缴纳注册资本 80 万元。在借壳上市的过程中,茅山管委会除已依约履行股东出资义务外,另向茅山旅游公司香港证券账户汇款用于购买香港上市公司股票。可见,其投资方式是先为借壳上市提供资金并独立购买股票,在借壳上市目的实现后,将股票作为其增资转归茅山旅游公司所有并相应提高其股权比例。

2002 年 5 月 24 日,孙进林与张旭辉签订《注册协议》,约定暂以新大众公司名义代替国际证券公司进行投资,此后新大众公司将其所持的茅山旅游公司股权转让给国际证券公司。张旭辉垫资给孙进林用以增资新大众公司,孙进林将香港证券(股票)划给茅山旅游公司作投资,同时还张旭辉代垫款项。2002 年 7 月 6 日,孙进林向张旭辉出具《代买股票说明》,载明孙进林代办张旭辉向香港陈宝龙账户及茅山旅游公司账户分批汇款购买股票事宜,同时注明孙进林是代表茅山旅游公司收到张旭辉投资款,上述款项均已划入茅山旅游公司账户,该说明与备份件相同。而备份件上张旭辉手书部分载明,分批款用以投资茅山旅游公司在香港购得股票,孙进林手书部分载明张旭辉汇付款项均作为茅山旅游公司出资款。茅山旅游公司工商登记资料载明,张旭辉并非茅山旅游公司股东。由此,张旭辉为实现借壳上市的投资目的,原计划通过与孙进林共同成为茅山旅游公司发起人国际证券公司股东的方式间接获取投资收益,但在实际运作中,茅山旅游公司的发起人由国际证券公司变更为新大众公司,且新大众公司未将其持有的茅山旅游公司股权转让给国际证券公司。

在此情形下,张旭辉遂将茅山旅游公司作为直接投资对象,并通过孙进林操作该公司香港股票账户代其个人购买香港上市公司股票,其最终目的是将通过茅山旅游公司香港证券账户购买的上市公司股票转归茅山旅游公司所有,以此作为出资并成为茅山旅游公司股东。孙进林并未提供证据证明其出具《代买股票说明》时受到胁迫或《代买股票说明》存在其他无效事由,其主张《代买股票说明》无效,无事实依据和法律依据,法院不予支持。

在茅山旅游公司成立后,林文与孙进林持有的新大众公司签订《资产管理协议》,约定林文向茅山旅游公司投资 500 万元港币,通过代茅山旅游公司买股再按成本转入茅山旅游公司的方式实现投资到位,新大众公司对林文的此项资产予以管理。可见,为实现茅山旅游公司借壳上市的投资目的,孙进林亦与林文协商,由后者为收购提供资金。林文系在茅山旅游公司成立后参与借壳上市有关事宜，为收购香港上市公司提供资金，林文出资的最终目的是成为茅山旅游公司的股东，在此之前，其先以个人名义为茅山旅游公司在香港购买上市公司股票，并在借壳上市过程后期将相关股票转入茅山旅游公司名下。据此，茅山管委会、张旭辉、林文参与借壳上市出资购买大凌集团股票的最终目的均是成为茅山旅游公司股东并间接控制香港上市公司，在借壳上市过程中，其采取分散购买大凌集团股票并伺机移转股票所有权至茅山旅游公司以换取茅山旅游公司股权的方式，而非投资入股茅山旅游公司并以茅山旅游公司为主体直接收购大凌集团股票的方式进行运作。茅山管委会、张旭辉、林文基于共同的投资目的分别提供资金，以收购大凌集团股票的方式为茅山旅游公司争取借壳上市机会。

茅山管委会、张旭辉、林文作为资金提供方，其最终的投资目的均是成为茅山旅游公司股东并间接控制香港上市公司，但在借壳上市完成前，茅山管委会、张旭辉、林文等投资主体间的法律关系尚未转化为公司股东间的法律关系，而是为实现共同投资目的基于共同的营业事务而形成的契约型合伙关系。原审判决未查明茅山管委会、张旭辉、林文的共同投资目的，进而未对该三方当事人法律关系的性质作出认定，适用法律错误，本院依法予以纠正。孙进林主张案涉 100 万元人民币中的 48 万元人民币系张旭辉对国际证券公司的投资且已投入茅山旅游公司，明显超过张旭辉对国际证券公司 2 万美金的出资义务，其主张案涉 100 万元人民币中的 52 万元人民币已归还张旭辉，案涉 10 万美元是其投资国际证券公司并以新大众公司名义投入茅山旅游公司的资本金，归茅山旅游公司所有，均无相应证据予以证明。故孙进林提出的上述主张，缺乏事实依据，法院不予支持。

（3）关于茅山管委会、张旭辉、林文与茅山旅游公司、孙进林之间的法律关系

茅山旅游公司并非以股权融资或债权融资的方式从茅山管委会、林文、张旭辉处获取资金并购买大凌集团股票，而仅是受委托代理茅山管委会、张旭辉、林文分别购买并持有大凌集团股票且在茅山管委会、张旭辉、林文所持大凌集团股票足以实现借壳上市目的后，依约以茅山旅游公司股权与茅山管委会、林文、张旭辉所持大凌集团股票互易。茅山旅游公司系为茅山管委会、张旭辉、林文共同的投资利益，亦间接为其借壳上市的经营利益提供交易账户并处理大凌集团股票买卖事务。由此，茅山管委会、张旭辉、林文与茅山旅游公司间分别形成委托合同关系。

孙进林经茅山旅游公司授权实际经办借壳上市事宜，其虽于 2002 年 6 月 25

日向茅山旅游公司提出辞职并在次日得到批准，但仍控制茅山旅游公司香港证券账户并于 2002 年 6 月底至 7 月间使用茅山管委会、张旭辉、林文汇付至茅山旅游公司的资金以茅山旅游公司名义购买大凌集团股票，茅山旅游公司对此未提出异议，故茅山旅游公司在孙进林辞职后，事实上仍授权孙进林以公司名义从事茅山旅游公司事业目的范围内的经营活动，孙进林亦依照茅山旅游公司的授权实际操作茅山旅游公司香港证券账户完成相关股票交易。由此，孙进林系基于茅山旅游公司授权买入大凌集团股票，其为茅山旅游公司的利益控制相关证券账户并占有案涉股票。茅山管委会、张旭辉、林文均明知孙进林在辞职后仍基于茅山旅游公司的授权经办借壳上市事宜，但均未表示反对，应视为其同意茅山旅游公司转委托孙进林具体负责借壳上市事宜。

据此，茅山管委会、张旭辉、林文系基于其与茅山旅游公司间的委托合同关系，将其资金最终汇入茅山旅游公司香港证券账户，并基于转委托合同关系同意孙进林操作茅山旅游公司香港证券账户完成相关股票交易。孙进林在辞职前基于职务上的委托，在辞职后基于茅山旅游公司事实上的委托，实际经办借壳上市事宜，故孙进林关于其履行的是职务行为的主张成立，法院予以支持，但孙进林关于张旭辉与茅山旅游公司间不存在委托合同关系的主张，无事实和法律依据，法院不予支持。二审判决认定张旭辉与孙进林之间存在直接的委托合同关系错误，法院依法予以纠正。

（4）关于茅山旅游公司、孙进林、杜秀山责任承担的问题

《合同法》第四百一十条规定，委托人可以随时解除委托合同。第四百零四条规定，受托人处理委托事务取得的财产，应当转交给委托人。据此，张旭辉有权解除委托合同，终止与茅山旅游公司的委托关系。茅山旅游公司在处理受托事务时应忠实履行受托职责，并在委托关系终止后将买卖股票过程中使用张旭辉投入资金而取得的财产予以返还。由于孙进林经茅山旅游公司授权经办借壳上市相关事宜，其代表茅山旅游公司为张旭辉出具《代买股票说明》记载张旭辉提供资金及购买股票的数额在茅山旅游公司授权范围内，张旭辉对《代买股票说明》记载的上述内容亦未提出异议。

茅山旅游公司应按照《代买股票说明》记载的资金数额与股票数额向张旭辉返还其投入 100 万元人民币和 10 万美金而形成的 4344 万股大凌集团股票。再审法院查明，本案中，孙进林提交的证据不足以证明其已将茅山旅游公司香港证券账户的控制权交还给茅山旅游公司，且孙进林在大凌集团股票复牌后亦未继续经办借壳上市事宜。由此，孙进林长期占有案涉股票，并在张旭辉与茅山

旅游公司间的委托合同关系已经解除，其继续占有案涉股票已无合同上依据的情形下，拒不返还大凌集团股票，违反勤勉义务与忠实义务，损害茅山旅游公司与张旭辉的利益，显属不当。孙进林应对以茅山旅游公司名义购买但仍处于其控制之下的大凌集团股票承担返还的责任；在案涉股票返还不能时，亦应承担折价赔偿的责任。孙进林主张其作为被告不适格、二审判决判令其承担股票返还及赔偿责任错误，理据不足，法院不予支持。

鉴于张旭辉在提出本案诉讼要求终止委托关系时未对茅山旅游公司提出权利主张，且由孙进林承担返还股票及返还不能时的赔偿责任亦可实现清算张旭辉投资权益的目的，二审判决判令孙进林单独承担股票返还及返还不能时的赔偿责任，适用法律虽有瑕疵，但处理结果并无不当，本院予以维持。由于孙进林再审时未全面提交茅山旅游公司香港证券账户交易明细，且考虑到一审判决以一审第一次开庭时大凌集团股票收盘价 0.131 元港币计算的市值扣除交易成本 45525.12 元港币后酌定折价赔偿数额为 5645114.88 元港币（0.131 元港币 × 4344 万股 − 0.131 元港币 × 4344 万股 × 0.008）亦无不当，法院对一审、二审判决确认的折价赔偿数额亦予以维持。

但应指出的是，茅山旅游公司系受张旭辉委托，孙进林受茅山旅游公司的转委托实际经办借壳上市事宜。茅山旅游公司、孙进林在执行委托事务过程中为委托人利益垫付的必要费用依法应由委托人承担，且在委托事项涉及证券投资、案涉委托、转委托系商事委托的情形下，茅山旅游公司、孙进林亦可向委托人主张执行委托事务相应的报酬。由此，孙进林在向张旭辉承担责任之后，其可向茅山旅游公司主张相应权利；茅山旅游公司亦可向其委托人张旭辉主张相应的权利。

关于杜秀山应否承担责任问题。《代买股票说明》已经明确孙进林是代表茅山旅游公司收到张旭辉投资款，且案涉款项均已划入茅山旅游公司账户。本案中孙进林负有返还的义务，至于孙进林是否曾将案涉股票或者将案涉资金所形成的其他权益转到杜秀山名下不影响其承担义务，即使转到杜秀山名下，由于该账户由孙进林实际控制和管理，也应由孙进林予以返还。杜秀山在一审中陈述其名下有孙进林账户中转入的股票，并由孙进林控制，孙进林对此亦无异议，一审法院判决驳回张旭辉对杜秀山的诉讼请求后，张旭辉、孙进林亦均未对此提出异议，二审判决对此予以维持亦无不当。

（5）关于本案诉讼时效的问题

《民法通则》第一百三十七条规定，诉讼时效期间从知道或者应当知道权利被侵害时起计算。张旭辉在大凌集团股票复牌前亦未向茅山旅游公司、孙进林主张返还案涉股票，进而以此终止委托关系。在大凌集团股票复牌，借壳上市目的不能实现后，张旭辉开始对案涉大凌集团股票主张权利，但孙进林并未向张旭辉返还其名下的大凌集团股票，故张旭辉的权利最早应于大凌集团股票于2011年12月15日复牌后，其因合伙事务不能实现而向孙进林请求返还股票遇阻时受到侵害，故本案诉讼时效最早应于2011年12月15日开始计算。张旭辉于2013年5月16日以孙进林、杜秀山为被告提起诉讼主张权利，导致诉讼时效中断，其于2014年3月5日向一审法院提起本案诉讼时，并未超过诉讼时效。

（二）裁判旨要

对于复杂的讼争案件的解决，需要根据本案以及合并审理的其他案件查明的事实，按照相关法律规定予以综合认定并作出判断。

（三）律师评析

本案由最高人民法院再审作出判决，具有重要的参考价值。

第一，这类案件要注意把握案件中相关背景、相关主体投资的目的以及关键主体的事业目的。比如上述案例中，茅山旅游公司是一个通过借壳方式取得上市的公司，该公司的事业目的是收购上市公司股权并以茅山旅游公司的名义对上市公司控股。涉案的几个投资主体，茅山管委会、张旭辉、林文的最终投资目的均是成为茅山旅游公司股东并间接控制香港上市公司。因此，搞清楚案件的背景和操作方式对于准确把握案件十分重要。同时，这里面涉及公司借壳上市的金融术语，即一家母公司（集团公司）通过把资产注入一家市值较低的已上市公司（壳公司）得到该公司一定程度的控股权，利用其上市公司地位使母公司的资产得以上市。

第二，律师要厘清各主体之间的法律关系。本案中，多个主体通过收购已上市的大凌集团股票的方式，再将股票所有权转移至茅山旅游公司，使茅山旅游公司控制大凌集团并实现上市的目的。但由于这一操作涉及主体众多、书面协议较多，且实际操作过程中还发生了变化，所以各主体之间的关系很容易混淆。根据客观证据，茅山旅游公司仅是受委托代理茅山管委会、张旭辉、林文分别购买并持有的大凌集团股票且在茅山管委会、张旭辉、林文所持大凌集团股票足以实现借壳上市目的后，依约以茅山旅游公司股权与茅山管委会、林文、张旭辉所持大凌集团股票互易。茅山管委会、张旭辉、林文与茅山旅游公司间分别形成委托合同关系。张旭辉作为实际投资者，委托了茅山旅游公司，孙进林又受茅山旅游公司的转委托实际经办了借壳上市事宜。就张旭辉作为委托人而言，茅山旅游公司是受托人，孙进林是次受托人，这属于民法上的转委托法律关系。我国法律规定，转委托应当取得被代理人的同意，被代理人可以事先授权或事后追认，而代理人只能在其享有的代理权限范围内，向复代理人转委托其代理权的全部或者部分，但不得超过其代理权限。复代理人是被代理人的代理人，而不是转委托之代理人的代理人，故复代理人实施代理行为所产生的法律后果由被代理人承受。

（四）相关法条及司法解释

《中华人民共和国证券法》（2019年修订）

第五十七条　禁止证券公司及其从业人员从事下列损害客户利益的行为：

（一）违背客户的委托为其买卖证券；

（二）不在规定时间内向客户提供交易的确认文件；

（三）未经客户的委托，擅自为客户买卖证券，或者假借客户的名义买卖证券；

（四）为牟取佣金收入，诱使客户进行不必要的证券买卖；

（五）其他违背客户真实意思表示，损害客户利益的行为。

违反前款规定给客户造成损失的，应当依法承担赔偿责任。

第五十八条　任何单位和个人不得违反规定，出借自己的证券账户或者借用他人的证券账户从事证券交易。

《中华人民共和国民法典》

第一百六十五条　委托代理授权采用书面形式的，授权委托书应当载明代理人的姓名或者名称、代理事项、权限和期限，并由被代理人签名或者盖章。

第一百六十六条　数人为同一代理事项的代理人的，应当共同行使代理权，但是当事人另有约定的除外。

第一百六十七条　代理人知道或者应当知道代理事项违法仍然实施代理行为，或者被代理人知道或者应当知道代理人的代理行为违法未作反对表示的，被代理人和代理人应当承担连带责任。

第一百六十八条 代理人不得以被代理人的名义与自己实施民事法律行为，但是被代理人同意或者追认的除外。

代理人不得以被代理人的名义与自己同时代理的其他人实施民事法律行为，但是被代理的双方同意或者追认的除外。

第一百六十九条 代理人需要转委托第三人代理的，应当取得被代理人的同意或者追认。

转委托代理经被代理人同意或者追认的，被代理人可以就代理事务直接指示转委托的第三人，代理人仅就第三人的选任以及对第三人的指示承担责任。

转委托代理未经被代理人同意或者追认的，代理人应当对转委托的第三人的行为承担责任；但是，在紧急情况下代理人为了维护被代理人的利益需要转委托第三人代理的除外。

第十章　证券托管纠纷

一、证券托管纠纷概述

证券托管是指作为法定证券登记机构的结算公司及其代理机构，接受投资者委托，向其提供记名证券的交易过户、非交易过户等证券登记变更、股票分红派息以及证券账户查询挂失等服务的行为。投资者买卖证券，应当与证券公司签订证券交易、托管与结算协议。客户与证券公司为上述托管事宜签订的协议称为证券托管协议。证券托管纠纷就是因证券托管协议而引发的纠纷。

根据《民事诉讼法》第二十四条规定，因合同纠纷提起的诉讼，由被告住所地或者合同履行地人民法院管辖。因此，证券托管纠纷属于合同纠纷的，应当由被告住所地或者合同履行地人民法院管辖。该类纠纷的特殊之处在于如何确定合同履行地问题。证券托管合同的主要内容是投资者将证券托管在证券公司营业部，由证券公司营业部提供相应的服务，故托管行为的实施地为证券托管合同的履行地。投资者向第三者汇出资金，委托其购买证券并向受托方转出证券等行为只是为履行托管合同所作的准备行为，而非履行合同行为，故上述行为实施地并非合同履行地。因此，证券公司营业部从事托管行为所在地应为合同履行地。

处理证券托管纠纷的法律依据主要是《证券投资基金法》，该法第三章"基金托管人"规定了基金托管人的资格、具备条件、适用范围、职责等。此外，可以参照《证券登记结算管理办法》第五章"证券的托管与存管"的规定，其中第三十四条规定："投资者应当委托证券公司托管其持有的证券，证券公司应当将其自有证券和所托管的客户证券交由证券登记结算机构存管，但法律、行政法规和中国证监会另有规定的除外。"

近年来，上海、深圳法院受理的证券托管纠纷案件数量逐年增加，根据《民事案件案由规定》，第一级案由第八部分是"与公司、证券、保险、票据等有关的民事纠纷"，其下的二级案由之二十四是"证券纠纷"，该二级案由下的第三级案由为"299、证券托管纠纷"。

确定证券托管纠纷案由，要注意与证券存管相区分。证券存管是指证券登记结算机构接受证券公司委托，集中保管证券公司的客户证券和自有证券，并提供代收红利等权益维护服务的行为。根据《证券登记结算管理办法》第三十五条规定，证券登记结算机构为证券公司设立客户证券总账和自有证券总账，用以统计证券公司交存的客户证券和自有证券。证券公司应当委托证券登记结算机构维护其客户及自有证券账户，但法律、行政法规和中国证监会另有规定的除外。显然，证券托管与证券存管在法律关系主体方面存在着明显的区别。

二、证券托管纠纷需要判断对股票拥有实际控制权的主体

实践中，购买股票的投资者和股票实际控制人往往不一致，这也恰恰是案件的争议之处。李必胜诉国信证券股份有限公司、国信证券股份有限公司广州东风中路证券营业部证券托管纠纷案就很具有代表性。

（一）典型案例

☞ 李必胜诉国信证券股份有限公司、国信证券股份有限公司广州东风中路证券营业部证券托管纠纷案[1]

【关键词】证券托管　股票购买　实际控制

| **基本案情** | 再审申请人（一审原告、二审上诉人）：李必胜；被申请人（一审被告、二审被上诉人）：国信证券股份有限公司，法定代表人：何如；被申请人（一审被告、二审被上诉人）：国信证券股份有限公司广州东风中路证券营业部，负责人：谭燕华；一审第三人：广东广建集团股份有限公司，法定代表人：刘连永；一审第三人：蔡曼青、王俊杰、湖南泰和集团股份有限公司，

---

[1] 广东省高级人民法院（2016）粤民申2245号。

法定代表人：王俊杰。

再审申请人李必胜因与被申请人国信证券股份有限公司（以下简称国信证券）、国信证券股份有限公司广州东风中路证券营业部（以下简称国信营业部）、一审第三人广东广建集团股份有限公司（以下简称广建公司）、蔡曼青、王俊杰、湖南泰和集团股份有限公司（以下简称泰和公司）证券托管纠纷一案，不服广东省广州市中级人民法院（2015）穗中法金民终字第126号民事判决，向本院申请再审。本院依法组成合议庭进行了审查，现已审查终结。

李必胜申请再审称，二审判决推定李必胜与案外人温忠东（已故）之间有委托代理关系的基本事实缺乏证据证明。二审判决违反特别法优于一般法的适用原则，且滥用自由裁量权，不适用明确的法律、法规，却适用"日常生活经验法则"认定本案超过诉讼时效不当。李必胜书面申请原审法院调查收集证据而未予收集不当。再审请求撤销二审判决，对本案进行再审并改判国信证券赔偿直接经济损失280 853.36元及利息。

一审法院经审理查明，2003年5月15日，王俊杰向李必胜、蔡曼青等40人借用身份证，并委托广某公司的员工温忠东向国信营业部办理股东卡。其中，李必胜的股份账户的账号为40××15，开户日期为2003年5月15日，办理机构为国信营业部。同年5月25日，王俊杰出资，由温忠东向国信营业部办理广某公司法人流通股股份转托管凭单载明：股东姓名李必胜，转托管证券公司名称国信广州营业部，股份数量135000股，代办转让系统账号40××15，落款为广东广建集团股份公司证券部，并加盖"广东广建集团股份公司证券部"的印章。同年5月21日，根据温忠东的申请，包括李必胜股份账户在内的39个股份账户，被并入了蔡曼青名下的账户，此后发生多笔股票认购、买卖及现金取出交易。根据蔡曼青资金账户的资金对账单显示：2003年6月3日，李必胜的股份账户认购了广建5的新股135000股。从2004年3月23日至2004年8月6日，李必胜股份账户发生五笔交易，卖出股票得款共计577 596.99元。至2004年11月16日，蔡曼青名下21××91的资金账户中的资金被分多次向多个公司或个人账户转出，而该转出账户的行为，是国信营业部根据盖有广建公司开户时在印鉴卡预留式样的印章的授权书的指令转账。在审理过程中，李必胜和蔡曼青述称，上述股份账户和托管凭证是泰和公司的职员交给蔡曼青，由蔡曼青转交给李必胜的。李必胜和蔡曼青均不知道股份账户密码和资金账户密码。李必胜买了股票之后一直没有管理上述股份账户和资金账户，直到2011年才发现股票被卖掉且所得资金被转出了。

一审法院认为：本案讼争的广某公司法人流通股，是王俊杰借用李必胜、蔡曼青等人的身份证，由王俊杰出资购买，并委托案外人温忠东在国信营业部办理股东卡，而购买后也未将股票交易密码和资金账户密码告知李必胜和蔡曼青。因此，可以推断王俊杰对该股票拥有实际控制权，而李必胜并非其名下股票的实际控制人。因此，广建公司的委托代理人温忠东对李必胜、蔡曼青的股份账户及账户内的广建公司法人流通股进行操作的法律后果，理应由王俊杰及挂名占有股票的李必胜和蔡曼青共同承担。现以李必胜名义购买的广某公司法人流通股于 2004 年 11 月前就合并于蔡曼青账户中卖出以及转走所得款项。若广建公司的委托代理人温忠东和国信证券、国信营业部就本案所涉交易涉嫌侵害上述当事人的合法权益，上述当事人依法向人民法院请求保护民事权利的二年诉讼时效期间应在 2006 年 11 月届满，其间未有诉讼时效中断或中止的事由发生。李必胜并非该股票的实际控制人，主张以其知道的时间起算诉讼时效无依据，法院不予支持。综上，法院判决驳回李必胜的全部诉讼请求。

二审法院认为，本案有两个争议焦点。第一个争议焦点为李必胜是否是涉案 13.5 万股广某公司股票的实际权利人。根据查明的事实，案外人温忠东在 2003 年 5 月 15 日持李必胜、蔡曼青的身份证为李必胜、蔡曼青向国信营业部办理股东卡，并开立成功。其中李必胜的股份账号为 40××× 15，蔡曼青的股份账号为 40××× 88。2003 年 5 月 21 日，根据温忠东的申请，李必胜股份账户被并入了蔡曼青名下的账户（股份账户：40××× 88，资金账户：21××× 91）。2003 年 6 月 3 日，李必胜的股份账户经温忠东的操作认购了广建公司的新股 135000 股。根据商事外观主义原则，由于广某公司的 135000 股登记在李必胜的名下，依法原则上应认定由李必胜享有相应权利。同时，其他主体对李必胜享有的上述权利并未提出异议且提供充分证据予以证实，故法院认定依法登记在李必胜账户的广某公司的 135000 股的权利人为李必胜。在此前提下，即使温忠东未持有李必胜和蔡曼青的授权委托书，但由于李必胜账户的开立、并户、股票购买行为均由温忠东具体负责完成，根据《合同法》第四十九条"行为人没有代理权、超越代理权或者代理权终止后以被代理人名义订立合同，相对人有理由相信行为人有代理权的，该代理行为有效"的规定，温忠东的行为后果应由李必胜承担。同理，温忠东此后将上述股票出售及划走资金的行为，均是通过输入正确的股份账户和资金账户密码的进行，结合日常生活经验法则，从国信营业部的角度来看，温忠东的行为应当视为李必胜和蔡曼青本人的行为，故李必胜主张国信证券及国信营业部赔偿股票托管损失显然无据，依法不应支持。

第二个争议焦点为李必胜提起本案诉讼主张权利是否已经超过诉讼时效期间。在上述分析的前提下，国信证券及国信营业部依法不应承责。同时，从诉讼时效角度看，基于李必胜账户的开立、并户、股票购买、出售及划走资金的行为均由温忠东具体负责完成，法律上应视温忠东为李必胜的代理人。结合本案实际，李必胜账户的股票出卖和划走资金行为均发生在2004年，且李必胜在二审期间陈述温忠东于2004年11月自杀，根据日常生活经验法则，如果股票出售和划走资金行为非系李必胜所托，李必胜应当知道自2004年年末起，其权利受到侵害。根据《民法通则》第一百三十五条"向人民法院请求保护民事权利的诉讼时效期间为二年，法律另有规定的除外"的规定，李必胜于2011年11月14日提起诉讼要求赔偿，距离2004年年末长达七年，故法院认定李必胜提起本案诉讼主张权利已经超过诉讼时效期间，依法应予驳回。二审驳回上诉，维持原判。

| 裁判结果 | 一审法院判决：驳回原告李必胜的全部诉讼请求。

广州市中级人民法院二审判决：驳回上诉，维持原判。

广东省高级人民法院裁定：驳回李必胜的再审申请。

| 裁判理由 | 广东高院经审查认为：本案系证券托管纠纷。本案争议的焦点为李必胜与温忠东之间的关系问题和是否超过诉讼时效的问题。本案中，李必胜称涉案股东账户的密码由其自行设定，而交易密码是成功交易的必要条件。

由于密码具有唯一性和排他性，故除得到其授权的委托代理人外，其他人无法查询到该密码。李必胜主张温忠东对密码并不知情，但温忠东能够控制李必胜的股票账户并将李必胜股东账户内的股票顺利交易、划款，可知温忠东在操作过程中知晓李必胜股票账户的交易密码，再结合涉案股东卡由温忠东代为开户等情况，二审法院根据《合同法》第四十九条的规定，认定温忠东的行为后果应由李必胜承担，并无不妥。

对于诉讼时效的问题，由于李必胜账户的开立、并户、股票购买、出售及划走资金的行为均由温忠东具体负责完成，而李必胜账户的股票出卖和划走资金行为均发生在2004年，结合李必胜在二审期间陈述温忠东于2004年11月自杀，即李必胜自2004年年末起应当知道其权利受到侵害，而李必胜于2011年11月14日提起诉讼，距离2004年年末长达七年，故此，二审法院认定李必胜提起本案诉讼已经超过诉讼时效期间，亦无不妥。

故裁定驳回李必胜的再审申请。

（二）裁判旨要

当股票的名义持有人对股票没有实际控制权时，具有实际控制权的人的行为构成表见代理，其对流通股进行操作行为的法律后果，应由被代理人承担。

（三）律师评析

本案经过了三级法院审理，具有一定的参考性，在合同主体、表见代理方面的认定需格外注意。

1. 全面把握表见代理的法律制度

关于表见代理，《合同法》第四十九条规定："行为人没有代理权、超越代理权或者代理权终止后以被代理人名义订立合同，相对人有理由相信行为人有代理权的，该代理行为有效。"本案中，李必胜账户的开立、并户、股票购买、出售及划走资金均由温忠东具体操作完成，李必胜不知道股份账户密码和资金账户密码，也一直没有管理上述股份账户和资金账户，直到2011年才发现股票被卖掉且所得资金被转出了。

在这一系列行为中，温忠东实际上没有代理权，但却以被代理人李必胜的名义购买了股票，认购的新股135000股也登记在了李必胜的名下，其他主体对李必胜享有的上述权利并未提出异议且提供充分证据予以证实，国信证券营业部有理由相信温忠东有代理权，所以这一代理行为在法律上是有效的，符合表见代理的成立要件，李必胜应当承担法律后果，而无权向国信证券主张经济损失。

表见代理，是指虽然行为人事实上无代理权，但相对人有理由认为行为人有代理权而与其进行法律行为，其行为的法律后果由被代理人承担。表见代理从广义上看也是无权代理，但是为了保护善意第三人的信赖利益与交易的安全，法律强制被代理人承担其法律后果。

表见代理有三个特征：一是行为人实施无权代理行为，即行为人没有代理权、超越代理权或者代理权终止后仍以被代理人名义订立合同。二是相对人依据一定事实，相信或认为行为人具有代理权，在此认识基础上与行为人签订合同。相对人依据的事实包括两个方面：其一是被代理人的行为，如被代理人知道行为人以本人名义订立合同而不作否认表示；其二是相对人有正当的客观理由，如行为人持有单位的业务介绍信、合同专用章或者盖有公章的空白合同书等。三是相对人主观上善意、无过失。既然属于一种无权代理，本应由无权代理人自食其果方为允当。然而不容忽视的是，由于被代理人的作为和不作为，制造了代理权存在的表面现象，并且引起了善意相对人的信赖，后者的利益关系到市场交易安全的问题。

2. 需要关注以李必胜为名开立的股东账户中股票是如何交易的，银行账户中的资金是如何转移的

本案中，根据证券交易的实践，交易密码是成功交易的必要条件，而且密码具有唯一性和排他性，若温忠东不知道交易密码必然是无法成功交易和转移资金的。尽管李必胜主张温忠东对密码并不知情，但温忠东能够控制李必胜的股票账户并将李必胜股东账户内的股票顺利交易、划款，可知温忠东在操作过程中知晓李必胜股票账户的交易密码，再结合涉案股东卡由温忠东代为开户等客观事实，从国信证券股份有限公司的角度来讲是没有责任的。

（四）相关法条及司法解释

《中华人民共和国民法典》

第一百七十一条 行为人没有代理权、超越代理权或者代理权终止后，仍然实施代理行为，未经被代理人追认的，对被代理人不发生效力。

相对人可以催告被代理人自收到通知之日起三十日内予以追认。被代理人未作表示的，视为拒绝追认。行为人实施的行为被追认前，善意相对人有撤销的权利。撤销应当以通知的方式作出。

行为人实施的行为未被追认的，善意相对人有权请求行为人履行债务或者就其受到的损害请求行为人赔偿。但是，赔偿的范围不得超过被代理人追认时相对人所能获得的利益。

相对人知道或者应当知道行为人无权代理的，相对人和行为人按照各自的过错承担责任。

第四百四十一条 以汇票、本票、支票、债券、存款单、仓单、提单出质的，质权自权利凭证交付质权人时设立；没有权利凭证的，质权自办理出质登记时设立。法律另有规定的，依照其规定。

三、涉及债务转移时，要结合全案证据综合判断

要牢牢把握合同相对性原则，分析每一份合同的双方当事人，尤其是对责任承担、债务转移等内容更要准确清晰认定，这将影响对原告和被告主体是否适格的判断。

（一）典型案例

☞ 邵明诉成都托管中心有限责任公司证券托管纠纷案[2]

【关键词】 证券托管　委托协议　股权转让

┃**基本案情**┃ 上诉人（原审原告）：邵明；被上诉人（原审被告）：成都托管中心有限责任公司，法定代表人：刘学礼；原审第三人：四川华通投资有限公司，法定代表人：彭瑜。

上诉人邵明因与被上诉人成都托管中心有限责任公司（以下简称托管中心）、原审第三人四川华通投资有限公司（以下简称华通控股公司）证券托管纠纷一案，不服成都市金牛区人民法院（2015）金牛民初字第3536号民事判决，向本院提起上诉。

一审法院查明，2000年8月31日，四川华拓实业发展股份有限公司（以下简称华拓公司）与托管中心签订《股票托管委托协议书》，约定华拓公司委托托管中心对公司法人股和自然人股进行集中托管，其内容包括公司股票的托管、过户、分红派息等，并统一办理相应手续。2007年3月22日，华拓公司与托管中心签订《股权托管协议书》，约定华拓公司委托托管中心对其全部股权进行集中托管。

2009年11月16日，华通控股公司与托管中心签订《股权收购委托协议书》，约定华通控股公司委托托管中心代办收购华拓公司自然人股东所持有股权，代理收购期限自2009年11月20日起至2010年2月12日止，每股收购价格为1.9元。2010年1月20日，华通控股公司与托管中心签订《股权收购合作协议书》，约定华通控股公司委托托管中心代办收购华拓公司自然人股东所持有

---

[2] 四川省成都市中级人民法院（2016）川01民终4908号。

股权,代理收购期限自 2010 年 3 月 1 日起,每股收购价格为 1.45 元。

2014 年 2 月 25 日,邵明与华通公司签订《股权转让协议书》,约定邵明自愿将其持有的华拓公司自然人股权 33000 股转让并办理过户给华通公司,转让价格为每股 1.45 元,共计金额 47850 元,转让方在配合受让方办理股权过户手续后一次性领取转让价款。同日,托管中心向邵明出具《股权转让及转让金领取凭单》,载明:股权简称为华拓实业;转出方名称为邵明;转入方名称为华通控股公司;转让价格为每股 1.45 元,转让金额总计为 47850 元。上述《股权转让及转让金领取凭单》加盖有"成都托管中心有限责任公司柜台业务专用章(3)"和"成都托管中心转账付讫"印章。

原审另查明,托管中心的经营范围为企业资产、债权、股权登记托管、过户转让、结算、代理分红、质押股份托管业务。邵明持有的《成都托管中心股票托管卡》载明的股东编号为 00291861。2007 年 7 月 6 日,托管中心向邵明出具的《非交易过户凭单》载明,股东邵明尚持有 33000 股华拓实业证券。2010 年 1 月 20 日,托管中心在《上海证券报》上刊登《关于收购四川华拓实业发展股份有限公司股东所持有股份的公告》,载明:本中心受收购方委托,于 2009 年 11 月 16 日在《上海证券报》《金融投资报》刊登的《关于收购四川华拓实业发展股份有限公司自然人股东所持有股份的公告》中定于四川华通投资控股有限公司对四川华拓实业发展股份有限公司自然人股东股权收购截止日期为 2010 年 2 月 12 日,现四川华通投资控股有限公司定于从 2010 年 3 月 1 日起按每股 1.45 元继续收购……2012 年 9 月 25 日,华通控股公司变更为华通公司。

原审查明的事实,有《股票托管委托协议书》《股权托管协议书》《股权收购委托协议书》《股权收购合作协议书》《授权委托书》《股权转让协议书》《股权转让及转让金领取凭单》《成都托管中心股票托管卡》《股东托管凭单》《关于收购四川华拓实业发展股份有限公司股东所持有股份的公告》《企业名称变更核准通知书》及当事人陈述等证据在案佐证。

一审法院认为,邵明是与华通公司签订的《股权转让协议书》,所持有的华拓公司的股权亦是转让给华通公司,而非托管中心,邵明与托管中心未形成委托合同关系,托管中心仅是代为办理股权转让的变更、登记手续,不是股权转让合同的相对方,与其建立股权转让合同关系的相对方是华通公司,故向邵明支付股权转让款的应是华通公司,而非托管中心。诉讼中,邵明明确表示不要求华通公司承担支付股权转让款的责任。根据《最高人民法院关于民事诉讼证据的若干规定》第二条"当事人对自己提出的诉讼请求所依据的事实或者反驳对方诉讼请求所依据的事实有责任提供证据加以证明。没有证据或者证据不足以证明当事人的事实主张的，由负有举证责任的当事人承担不利后果"的规定，邵明要求托管中心支付股权转让款的诉讼请求原审法院不予支持，判决驳回邵明的诉讼请求。

邵明不服原审判决，向成都市中级人民法院提起上诉，请求撤销原判，改判由托管中心支付邵明 47850 元股权转让金。其主要理由为：（1）原审程序违法，本案为公告案件，但仅有一名法官审理。（2）本案应为合同债务转移纠纷，一审认定为证券托管纠纷属认定法律关系错误。（3）《股权转让及转让金领取凭单》应视为新的合同，应视为邵明与托管中心、华通公司达成了合同债务转移的约定，该凭单有托管中心转账付讫章，应认为托管中心承诺付款，债务已转移至托管中心。（4）托管中心与华通公司的《股权收购委托协议书》第一条第七款有"代付收购款"的内容，说明不是由华通公司支付收购款，支付主体是托管中心。

二审法院经审理查明，华通控股公司与托管中心于 2009 年 11 月 16 日签订的《股权收购委托协议书》第一条第（七）项载明："乙方受托收购从事事项包括签订股权转让合同、代付收购款、代办托管及工商变更，及甲方指定乙方从事的其他收购相关事项"，第二条第（二）项甲方义务载明："1. 保证收购资金按时、足额到位；2. 按照国家有关法律法规要求，及时履行股权收购方的法定义务。" 2010 年 1 月 20 日，华通控股公司与托管中心签订的《股权收购委托协议书》第一条第（一）项载明："代理收购期限自 2010 年 3 月 1 日起"，第（二）项载明："甲方委托乙方实施股权协议收购"，第二条第（二）项甲方义务载明："1. 保证收购资金按时、足额到位；2. 按照国家有关法律法规要求，及时履行股权收购方的法定义务。"第四条载明："因甲方收购资金未及时足额到位造成收购业务不能正常进行的，其责任由甲方自负"，该协议中无 2009 年《股权收购委托协议书》第一条第（七）项的内容。二审法院查明的其他事实与原审查明的事实一致。

| 裁判结果 | 成都市金牛区人民法院一审作出（2015）金牛民初字第 3536 号民事判决：驳回原告的诉讼请求。

成都市中级人民法院二审判决：驳回上诉，维持原判。

| 裁判理由 | 二审法院认为：本案二审争议焦点为托管中心是否应向邵明承担支付股权转让款的义务。根据《合同法》第七十九条"当事人协商一致，

可以变更合同",第八十四条"债务人将合同的义务全部或者部分转移给第三人的,应当经债权人同意",以及第十四条"要约是希望和他人订立合同的意思表示,该意思表示应当符合下列规定:(一)内容具体确定;(二)表明经受要约人承诺,要约人即受该意思表示约束",第二十一条"承诺是受要约人同意要约的意思表示"的规定,在债务人向第三人转移债务时,应当与第三人协商达成一致意见并征得债权人同意,且该转移债务的意思表示须具体明确。

本案中,《股权转让协议书》载明的股权转让的相对方为邵明与华通公司,《股权转让及转让金领取凭单》载明的股权转出方和转入方为邵明与华通公司,同时《股权收购委托协议书》载明华通公司与托管中心之间系委托关系,《上海证券报》上刊登《关于收购四川华拓实业发展股份有限公司股东所持有股份的公告》载明托管中心是受华通公司委托,收购主体是华通公司。而上诉人邵明将股权转让给华通公司系发生在华通控股公司与托管中心于 2010 年 1 月 20 日签订《股权收购委托协议书》之后,该协议书并未载明有"代付收购款"的内容,故法院对邵明认为托管中心与华通公司的《股权收购委托协议书》第一条第七款有"代付收购款"内容的理由,不予采纳。

虽《股权转让及转让金领取凭单》上有托管中心转账付讫章,但托管中心并未在出具该凭单时向邵明付款,不能证明托管中心承诺债务由其承担的意思表示。而本案中邵明所提交的其他证据,不能证明华通公司与托管中心之间存在债务移转的意思表示。故判决驳回上诉,维持原判。

(二)裁判旨要

债务人向第三人转移债务时,应当与第三人协商达成一致意见并征得债权人同意,且该转移债务的意思表示须具体明确。

(三)律师评析

纵观两审法院的判决,本案所涉及的法律关系其实并不复杂。原告邵明坚持起诉托管中心支付股权转让款,同时原告也明确表示不要求华通公司承担支付股权转让款的责任,这更加凸显出本案认定法律关系的重要性和关键性,其左右着最终原告的诉请能否被支持。

1. 把握本案中出现了几份重点的书面协议、委托协议，这些都是认定主体之间法律关系的依据

《股权转让协议书》意味着股权转让合同关系的双方是邵明和华通公司，协议约定邵明自愿将所持有的华拓公司的股权转让给华通公司，因此，应由华通公司向邵明支付股权转让款是没有异议的。

2. 合同相对性原则贯穿本案始终

《股权收购委托协议书》意味着华通公司与托管中心形成了委托关系，协议约定华通公司委托托管中心代办收购股权。若原告坚持要求托管中心支付股权转让款，则必须拿出其与托管中心签订的关于股权转让款支付的相关协议，或者可以在其他协议中找到明确的约定来支撑其诉求，否则，原告需承担举证不能的法律后果。因此，在证券托管纠纷中，起诉的一方当事人一定要找准被告是谁，这事关自己的诉求的实现，同时要尽可能向法庭提供足够充分的证据，避免因证据不足而以失败告终。

（四）相关法条及司法解释

《最高人民法院关于民事诉讼证据的若干规定》

第二条 当事人对自己提出的诉讼请求所依据的事实或者反驳对方诉讼请求所依据的事实有责任提供证据加以证明。没有证据或者证据不足以证明当事人的事实主张的，由负有举证责任的当事人承担不利后果。

《中华人民共和国民法典》

第四百七十一条 当事人订立合同，可以采取要约、承诺方式或者其他方式。

第四百七十二条 要约是希望与他人订立合同的意思表示，该意思表示应当符合下列条件：

（一）内容具体确定；

（二）表明经受要约人承诺，要约人即受该意思表示约束。

第四百七十三条 要约邀请是希望他人向自己发出要约的表示。拍卖公告、招标公告、招股说明书、债券募集办法、基金招募说明书、商业广告和宣传、寄送的价目表等为要约邀请。

商业广告和宣传的内容符合要约条件的，构成要约。

第五百四十六条 债权人转让债权，未通知债务人的，该转让对债务人不

发生效力。

债权转让的通知不得撤销，但是经受让人同意的除外。

第五百四十七条　债权人转让债权的，受让人取得与债权有关的从权利，但是该从权利专属于债权人自身的除外。

受让人取得从权利不因该从权利未办理转移登记手续或者未转移占有而受到影响。

第十一章　证券发行纠纷

一、证券发行纠纷概述

在《证券法》中，"发行""募集""交付""销售"等相关的概念有时分别出现在不同的条文中，而且与《公司法》的有些提法也不尽一致，显得随意性较强。由于这些概念没有明确的定义，因此会给法律适用造成一些困难。

对于证券发行的概念，学术界和司法实务界还存在一些分歧。目前主要有以下几种观点：第一种观点认为，证券发行"指符合发行条件的商业组织或政府组织，以筹集资金为直接目的，依照法律规定的程序向社会投资人要约出售代表一定权利的资本证券的行为"[1]；第二种观点认为，证券发行"指发行人以集资或调整股权结构为目的做成证券并交付相对人的单独法律行为"[2]；第三种观点认为，证券发行是指发行人就其证券作出的要约邀请、要约或者销售行为[3]。其中，第三种观点与《股票发行与交易管理暂行条例》第八十一条第三项规定是相符合的。证券发行需要一个复杂的过程，应当将证券发行理解为一个过程，而非一个单独的证券交付行为。

任何一个经济体系中都有资金的盈余单位（有储蓄的个人、家庭和有闲置资金的企业）和资金的短缺单位（有投资机会的企业、政府和有消费需要的个人），为了加速资金的周转和利用效率，需要使资金从盈余单位流向短缺单位。证券发行是实现上述流转的一种重要方式。证券发行分为公开发行和非公开发行两种。公开发行证券必须符合法律、行政法规规定的条件。

---

〔1〕 董安生等：《证券发行与交易》，中国人民大学出版社 1998 年版，第 1 页。
〔2〕 杨志华：《证券法律制度研究》，中国政法大学出版社 1995 年版，第 50 页。
〔3〕 吴国基：《"证券发行"的概念探讨》，载《河北法学》2004 年第 11 期。

2019 年修正的《证券法》第九条规定："公开发行证券，必须符合法律、行政法规规定的条件，并依法报经国务院证券监督管理机构或者国务院授权的部门注册。未经依法注册，任何单位和个人不得公开发行证券。证券发行注册制的具体范围、实施步骤，由国务院规定。"由此可见，我国的证券发行从核准制走向了注册制。

在核准制下，经过审核公开发行的证券仍然不能避免经营风险；在注册制下，公开发行的证券经营风险仍然是难以避免的，风险难以避免，就意味着纠纷也难以避免。通常而言，证券发行纠纷是由于发行人、承销商的违法行为造成投资者损失的纠纷。

在证券发行过程中，因证券涉及认购、申购、赎回，还有可能出现证券发行失败的情形，也存在因证券信息披露违反法律法规等产生纠纷。这些纠纷都应当按照证券发行纠纷受理。

解决证券发行纠纷的法律依据主要是《公司法》有关股份有限公司股份发行的规定、《证券法》第二章有关证券发行的内容，以及《股票发行与交易管理暂行条例》的相关规定。

二、若无明确约定，实际控制人对公司返还投资款不负连带责任

目标公司公开证券发行方案后，投资人支付了认购款，目标公司也使用了募集资金，但因为各种原因证券发行被取消，投资人如何追讨投资款就是一个重要的问题了。西藏好德创业投资管理合伙企业刘春海证券发行纠纷案就涉及投资人的权益如何维护的问题，也涉及实际控制人对公司返还投资款是否承担连带责任的问题。

（一）典型案例

☞ 西藏好德创业投资管理合伙企业、刘春海证券发行纠纷[4]

【关键词】补充责任　连带责任　合同相对性

---

[4]（2019）冀民终 867 号。

|基本案情| 上诉人（一审原告）：西藏好德创业投资管理合伙企业（有限合伙），法定代表人：杨天彬；被上诉人（一审被告）：刘春海；被上诉人（一审被告）：盐山县农村信用联社股份有限公司，法定代表人：张秉健；被上诉人（一审被告）：新时代证券股份有限公司，法定代表人：叶顺德；一审被告：河北宏润核装备科技股份有限公司，法定代表人：刘春海。

上诉人西藏好德创业投资管理合伙企业（有限合伙）（以下简称好德企业）因与被上诉人盐山县农村信用联社股份有限公司（以下简称信用社）、新时代证券股份有限公司（以下简称证券公司）、刘春海、一审被告河北宏润核装备科技股份有限公司（以下简称宏润公司）证券发行纠纷一案，不服河北省沧州市中级人民法院（2018）冀09民初410号民事判决，向河北省高级人民法院提起上诉。

好德企业向一审法院起诉请求：（1）依法判决各被告共同承担因终止发行给好德企业造成的损失本金21280000元，资金占用损失3748778.08元（暂计算至2018年11月22日，资金占用损失应付至实际支付之日），滞纳金2054721.01元（暂计算至2018年11月22日，滞纳金应付至实际支付之日）共计27083499.09元；（2）依法判令本案诉讼费、保全费由各被告共同承担。

一审法院认定事实：宏润公司股票于2016年5月31日起在全国中小企业股份转让系统挂牌公开转让，证券代码836324。好德企业与宏润公司于2017年2月8日签署《定向认购协议》，双方约定好德企业以每股7元的价格认购宏润公司发行的股票600万股，合计4200万元。同时该协议约定"在乙方（好德企业）被记载于甲方（宏润公司）的股东名册并办理完毕工商变更登记日前，未经乙方书明同意，甲方不得擅自使用乙方支付的本次定向发行股份的全部认购价款"。

2017年2月9日，好德企业与刘春海签署《投资协议》。该协议3.4条约定："乙方（刘春海）保证甲方（好德企业）对目标公司的全部出资仅用于目标公司的正常经营用途（主要用于补充流动资金或经目标公司董事会认可的其他用途），不得用于非经营性支出或与目标公司主营业务不相关的其他经营性支出，也不得用于委托理财、委托贷款和期货交易。"该协议11.2.7条约定："在甲方（好德企业）被记载于目标公司的股东名册并办理完毕工商变更登记日前，未经甲方书明同意，乙方及目标公司不得擅自使用甲方支付的本次投资的全部投资额。"

2017 年 3 月 31 日，宏润公司、新时代公司与盐山信用联社签署《募集资金三方监管协议》（以下简称《监管协议》）。2017 年 11 月 20 日，新时代公司在全国中小企业股份转让系统发布募集资金提前使用的风险提示公告，该公告载明 2017 年 8 月 30 日宏润公司提前使用募集资金账户资金用于偿还银行贷款。2017 年 12 月 12 日，宏润公司 2017 年第四次临时股东大会决议公告取消本次股票发行方案。

2018 年 1 月 5 日，好德企业与宏润公司签订《认购款协议》，宏润公司同意退还好德企业投资款及资金占用利息、滞纳金。2018 年 12 月 18，日宏润公司向好德企业退还 30 万元。

另，好德企业庭后提交代理词，代理词主张依据《担保法解释》第二十六条之规定，"第三人向债权人保证监督支付专款专用的，在履行了监督支付专款专用的义务后，不再承担责任。未尽监督义务造成资金流失的，应对流失的资金承担补充赔偿责任"，由证券公司、信用社承担补充赔偿责任。

一审法院认为，本案焦点：（1）宏润公司应否返还好德企业投资款、占用资金期间利息及滞纳金，如应返还如何确定返还数额；（2）刘春海应否承担连带责任、证券公司与信用社应否承担补充赔偿责任。

《民法总则》第一百七十六条规定："民事主体依照法律规定和当事人约定，履行民事义务，承担民事责任。"好德企业与宏润公司于 2018 年 1 月 5 日签订的《认购款协议》系双方当事人真实意思表示，合同双方当事人并无异议，故宏润应按照该协议约定退还好德企业投资款、占用资金利息及滞纳金。关于返还资金金额的确定问题，该协议明确了投资款数额为 2128 万元及占用资金利息为年息 10%、滞纳金为每日欠款总额的万分之五（折合年利率为 18.25%）。《最高人民法院关于审理民间借贷案件适用若干问题的规定》第三十条规定："出借人与借款人既约定了逾期利率，又约定了违约金或者其他费用，出借人可以选择主张逾期利息、违约金或者其他费用，也可以一并主张，但总计超过年利率 24% 的部分，人民法院不予支持。"参照该规定，好德企业与宏润公司之间的退款协议中约定的占用资金利息、滞纳金的计算标准超过了 24%，故对超过部分一审法院不予支持。关于宏润公司已退还的 30 万元，好德企业主张系退还的占用资金利息，因宏润公司未提交证据证实该 30 万元系退还投资款本金，一审法院对好德企业关于该 30 万元系退还占用资金利息的主张予以支持。综上，宏润公司应退还好德企业投资款 2128 万元，占用资金利息及滞纳金以 2128 万元为本金按照年利率 24% 自 2017 年 2 月 18 日计算至实际给付完毕止，同时减去宏润公司已退还的占用资金利息 30 万元。

好德企业主张依据其与刘春海签署的《投资协议》第 11.2.7 条之约定，刘春海应负担共同返还义务。首先，该条仅约定刘春海不得擅自使用好德企业的投资款，并未约定宏润公司使用该投资款后刘春海应负共同返还责任。其次，该协议第 14 条（违约及其责任）约定："如乙方及目标公司出现重大违规行为或重大诚信问题，同业竞争、未经许可的关联交易、转移和隐匿公司资产和利润、账外资金、欺诈和造假等行为，乙方应回购甲方所持目标公司的股份，回购对价为甲方本次投资的投资额加上 30% 年回报。"该条也未约定目标公司因股票发行终止后刘春海应对返还投资款负共同还款责任，且该条约定的事实与好德企业主张因发行失败而退还投资款的事实并非同一法律关系。最后，好德企业主张退还投资款、占用资金利息及滞纳金的计算依据系其与宏润公司签订的《认购款协议》，刘春海并非该协议的当事人。因此，对好德企业主张刘春海负共同返还义务，一审法院不予支持。

宏润公司、证券公司与信用社于 2017 年 3 月 31 日签署《三方监管协议》。好德企业主张依据该协议约定的监管义务应适用《担保法解释》第二十六条"第三人向债权人保证监督支付专款专用的，在履行了监督支付专款专用的义务后，不再承担责任。未尽监督义务造成资金流失的，应对流失的资金承担补充赔偿责任"之规定，由证券公司、信用社承担补充赔偿责任。首先，《监管协议》的三方当事人为宏润公司、证券公司、信用社，好德企业并非该协议的当事人，就该协议而言好德企业与宏润公司、证券公司、信用社不存在合同关系，也不能认定证券公司、信用社向好德企业作出保证监督专款专用的义务。其次，该协议第一条规定"该专户仅用于甲方募集资金，偿还银行贷款，补充流动资金用途，不得用作其他用途"。该条并未禁止宏润公司使用资金也未约定证券公司、信用社负有监督宏润公司禁止使用该专户资金的义务。最后，该协议第八条约定"乙方连续三次未及时向丙方出具对账单或者向丙方通知专户大额支取情况，以及存在未配合丙方调查专户情形的，丙方有权提示甲方及时更换专户，甲方有权单方面终止本协议并注销募集资金专户"。从该条可以看出，证券公司与信用社无权单方注销该专户，好德企业提交之证据不足以证实新时代公司与盐山信用联社违反了三方监管协议项下的合同义务，也不足以证实其因与宏润公司投资合同关系终止而形成的损失系证券公司与信用社造成。故对好德企业关于证券公司与信用社对本案损失应负补充赔偿责任的主张，一审法院不予支持。

综上所述，一审法院依照《民法总则》第一百七十六条、《最高人民法院关于审理民间借贷案件适用若干问题的规定》第三十条的规定，判决：（1）宏润公司自本判决生效之日起十日内返还好德企业投资款 2128 万元及占用资金利息、滞纳金，占用资金利息及滞纳金以 2128 万元为本金按照年利率 24% 自 2017 年 2 月 18 日计算至实际给付完毕止，同时减去宏润公司已退还的占用资金利息 30 万元；（2）驳回好德企业的其他诉讼请求。

上诉人好德企业的上诉请求：（1）改判刘春海对好德企业投资款、占用资金利息及滞纳金负有共同返还义务，承担连带赔偿责任。（2）改判证券公司、信用社对好德企业投资款所有损失承担补充赔偿责任。事实与理由：（1）好德企业与刘春海签署《关于河北宏润核装备科技股份有限公司之投资协议》（以下简称《投资协议》），该协议签署方系好德企业与刘春海，刘春海违反合同约定义务，其作为宏润公司的实际控制人放任宏润公司违规使用好德企业投资款，明显为违约行为，应根据第 14 条之规定承担违约责任，一审法院以该合同条款未约定刘春海之共同返还责任为由驳回好德企业的诉讼请求，实属重大的事实认定不清。（2）《三方监管协议》目的为"规范宏润公司募集资金的管理，保护投资者合法权益"，规范管理、保护投资者权益为该监管协议之总纲。一审法院认为好德企业与宏润公司、证券公司、信用社之间不存在合同关系，不能够认定证券公司、信用社向好德企业作出保证监督专转款专用的义务，是割裂地看待本案事实问题。一审法院认为《监管协议》未约定证券公司及信用社负有监督宏润公司禁止使用该专户资金的义务，是错误的。证券公司和信用社与好德企业之间属单方允诺之债，一审法院以好德企业与证券公司和信用社未有合同关系为由，驳回好德企业的诉讼请求，属适用法律不当。综上所述，一审法院认定事实不清，适用法律不当，损害了当事人的合法权益，请二审法院对本案依法改判。

被上诉人刘春海辩称：（1）刘春海并非《宏润核装退还西藏好德创业投资管理合伙企业股份认购款协议》（以下简称《认购款协议》）的合同主体，该合同约定的退还股份认购款的主体是宏润公司，刘春海在该合同中没有合同义务。（2）好德企业以《投资协议》第 11.2.7 条要求刘春海承担责任的理由不成立。该协议没有约定刘春海承担共同返还责任，更没有约定连带责任。刘春海没有使用投资款的行为，即使宏润公司使用投资款，法律责任也不能由刘春海承担。刘春海没有违约行为，好德企业将宏润公司的合同责任让刘春海承担无法律及事实依据。好德企业与宏润公司签订《认购款协议》，该协议实质上变更了之前所签订《投资协议》的内容，应当以《认购款协议》确定权利义务。

被上诉人信用社辩称：（1）宏润公司与好德企业就中止股份已达成退还股份认购款协议，双方对解除合同的法律后果已经作出约定，该退还股份《认购款协议》是双方真实意思表示，该退款协议对信用社有约束力，信用社不应承担任何责任。（2）根据《监管协议》的约定，该协议没有关于募集资金使用期限的限制规定，提前使用资金的说法不能成立。盐山信用社没有违反《监管协议》情形。即使宏润公司提前使用资金，信用社根据《监管协议》的约定也无须承担责任。综上，请求二审法院依法驳回好德企业对于信用社的上诉请求。

被上诉人证券公司辩称：（1）整个合同关系中证券公司没有任何单方允诺之债的协议。（2）《监管协议》的性质属于事后监督，其性质是向监管部门的事后报备，而非对账户的使用和资金化转进行审批的约定。认购宏润公司股份，是好德企业与宏润公司之间的法律关系，是双方自有意志的表达，证券公司在其决策过程中没有发表过任何意见。

一审被告宏润公司陈述称：认可一审判决，同意刘春海的答辩意见。

┃**裁判结果**┃ 驳回上诉，维持原判。

┃**裁判理由**┃ 河北省高级人民法院对一审法院查明的事实予以确认。该院认为：好德企业与宏润公司于2018年1月5日签订的《认购款协议》约定解除好德企业与宏润公司签订的《定向认购协议》，由宏润公司退还认购款及相应的资金占用费。刘春海与好德企业针对好德企业与宏润公司之间的《定向认购协议》签订了《投资协议》，从两份协议的关系来看，《投资协议》应属《定向认购协议》的从合同。主合同被解除，从合同不应继续履行，故《定向认购协议》被解除后，好德企业无权再依据从合同(《投资协议》)要求刘春海承担责任。另外，从《投资协议》的内容来看，该协议并未约定宏润公司出现违约行为后，刘春海需承担连带赔偿责任。因此，一审法院认定好德企业要求刘春承担连带赔偿责任没有合同及法律依据，并无不当。

《监管协议》的合同主体为信用社、证券公司及宏润公司，好德企业并非合同主体，该协议亦未约定宏润公司出现违规使用投资款后，信用社、证券公司需向好德企业承担补充赔偿责任。因此，好德企业依据《监管协议》要求信用社、证券公司承担补充赔偿责任，违反了合同相对性原则，没有法律及事实依据，二审法院对好德企业的该项上诉请求不予支持。综上所述，一审法院认定事实清楚，适用法律正确，应予维持。

（二）裁判旨要

主合同被解除，从合同不应继续履行，且合同具有相对性原则，不应要求非合同方承担责任。

（三）律师评析

本案的纠纷属于较为典型的证券发行纠纷。对于证券发行过程中的一些问题，案件判决书同时作了处理，比如，协议中过高的滞纳金、资金利息等。本案的裁判还避免了法定代表人义务的过大化，对其他案件具有一定的指导作用。

1. 在合同生效的条件下，当事人应当按照合同的约定履行义务、承担责任

我国法律充分尊重当事人意思自治，在没有相关法律条文规定的合同无效情形的情况下，当事人应当按照合同的约定履行义务、承担责任。

由于从合同具有从属性，其存在以主合同存在作为前提。因此，主合同的解除必然会带来从合同的解除，一方当事人自然也无权要求合同相对方按照从合同的权利义务履行。因此，当事人在解除合同的时候，需要注意跟随合同签订的从属协议是否有较为重要的权利义务，谨慎解除，或者在解除时另外签订相关协议重新约定合同义务，避免一方逃避义务。

就本案而言，好德企业与宏润公司于 2018 年 1 月 5 日签订的《认购款协议》系双方当事人真实意思表示，合同双方当事人并无异议，故宏润公司应按照该协议约定退还好德企业投资款、占用资金利息及滞纳金。但是该协议规定的资金占有利息、滞纳金等款项利率过高，违反了《最高人民法院关于审理民间借贷案件适用若干问题的规定》第三十条"出借人与借款人既约定了逾期利率，又约定了违约金或者其他费用，出借人可以选择主张逾期利息、违约金或者其他费用，也可以一并主张，但总计超过年利率 24% 的部分，人民法院不予支持"的规定。根据该规定，对超过部分，法院不予支持，但是对于 24% 以下的部分，法院给予了支持。

2. 合同具有相对性，不应随意突破

大陆法系和英美法系的合同法律制度都是以"合同的相对性"这一本质特征作为前提的，合同相对性是两大法系所共同承认的理论和关心的问题，[5] 大

---

[5] 参见［法］勒内·达维：《英国法与法国法：一种实质性比较》，潘华仿、高鸿钧、贺卫方译，清华大学出版社 2002 年版。

陆法与英美法皆具有相对性理论的制度表述。在大陆法系中，合同法中一切理论与制度都以意思来进行解释："合同不再是客观的相对关系，而是当事人意思的产物，缔结尚且如此，更不用说合同的效力范围了。当事人愿意跟对方缔结合同就是存在将合同效力限定在当事人双方之间的意思，那么相对性当然应当存在。"[6]

因为合同具有相对性，当事人不得要求合同当事人以外的第三人承担合同责任。在本案中，刘春海虽然是宏润公司的法定代表人，但法定代表人并不能等同于公司，在未出现《公司法》约定的"法人人格混同"情形的前提下，要求公司的法定代表人或股东、实际控制人等与公司承担连带责任显然是不合适的。本案中的各协议均未约定目标公司因股票发行终止后刘春海应对返还投资款负共同还款责任，刘春海并非协议的当事人。因此，对好德企业关于刘春海负共同返还义务的主张，法院不予支持。

（四）相关法条及司法解释

《中华人民共和国证券法》（2019 年修订）

第九条　公开发行证券，必须符合法律、行政法规规定的条件，并依法报经国务院证券监督管理机构或者国务院授权的部门注册。未经依法注册，任何单位和个人不得公开发行证券。证券发行注册制的具体范围、实施步骤，由国务院规定。

有下列情形之一的，为公开发行：

（一）向不特定对象发行证券；

（二）向特定对象发行证券累计超过二百人，但依法实施员工持股计划的员工人数不计算在内；

（三）法律、行政法规规定的其他发行行为。

非公开发行证券，不得采用广告、公开劝诱和变相公开方式。

三、确定违约责任的形式可依照合同自愿原则

在核准制之下，上市公司大部分都是好企业，但也会混进一些坏企业、差

---

〔6〕　刘承韪：《合同相对性理论的起源与流变——现代意义合同相对性在两大法系确立过程之比较》，载《南京大学法律评论》2007 年第 1 期。

企业。由于上市公司特殊的制度安排，无论是好企业还是差企业，都能再融资成功，非公开发行股票就是其重要的融资途径。非公开发行股票是指上市公司采用非公开方式向特定对象发行股票的行为，又被称为"定向增发"，简称"定增"。"公开增发"和配股的条件和程序比较严格，"定向增发"的条件和程序更为宽松，原则上只要"特定对象"愿意认购就可以了。在"定向增发"中，特定对象反悔了可能需要承担赔偿责任。楼建峰与南京云海特种金属股份有限公司证券发行纠纷上诉案就是这方面的一个典型案例。

（一）典型案例

☞ **楼建峰与南京云海特种金属股份有限公司证券发行纠纷上诉案**[7]
【关键词】 附条件　诚实信用原则　违约责任

⎮ **基本案情** ⎮上诉人（原审被告、反诉原告）：楼建峰；被上诉人（原审原告、反诉被告）：南京云海特种金属股份有限公司，法定代表人：梅小明。

上诉人楼建峰因与被上诉人南京云海特种金属股份有限公司（以下简称云海公司）证券发行纠纷一案，不服江苏省南京市溧水区人民法院（2016）苏0117 民初 2601 号民事判决，向南京市中级人民法院提起上诉。南京市中级人民法院于 2016 年 10 月 28 日立案后，依法组成合议庭，公开开庭进行了审理。

楼建峰上诉请求：撤销一审判决，改判驳回云海公司的一审全部诉讼请求、支持楼建峰一审反诉诉讼请求，并由云海公司负担本案一审、二审诉讼费用。事实和理由为：（1）云海公司在与其签订《附条件生效的非公开发行股份认购协议》（以下简称认购协议）过程中有违诚信原则，未履行先合同义务，采用误导性陈述，使楼建峰在违背真实意思的情况下订立了认购协议，云海公司应对此承担缔约过失责任，向楼建峰返还履约保证金并赔偿损失。云海公司董事长梅小明曾向楼建峰承诺"公司股价到批准发行时会有 5% 左右浮盈，如果到时股价较低不能参与发行，也完全可以友好协商解除合同"。同时，楼建峰知悉云海公司与杭州联创投资管理有限公司（以下简称联创公司）签订了《战略咨询顾问及产业并购服务框架协议》（以下简称并购框架协议），以促进云海公司产业升级和并购。因此，楼建峰一方面是基于对联创公司在资本市场产业并购领域

---

[7]　（2016）苏 01 民终 8983 号。

业绩的认可，另一方面是对云海公司与联创公司之间的合作充满期待，才与云海公司签订认购协议并依约缴纳了 300 万元履约保证金。此后云海公司对上述认购协议及并购框架协议进行了公告，证券市场及相关专业人士均对此予以积极评价，与楼建峰的预期相符。但云海公司与联创公司订立并购框架协议的真实目的是为欺骗和误导楼建峰认购股份，云海公司与联创公司并未在有效期内落实并购框架协议的内容，且云海公司在 2015 年 7 月 16 日为非公开发行股份在其作出的《关于确保本次募集资金规范使用的承诺函》中明确表示"本次募集资金使用完毕之前将不启动与联创公司的合作计划"。显然云海公司与楼建峰签订认购协议时违背了诚实信用原则，应当承担缔约过失责任。

（2）证券投资类纠纷案件中的违约损失应采用损失填补原则，即以实际损失为限。楼建峰未认购云海公司股份并未造成云海公司损失。本次证券的发行承销费用均是按实际成交额收取，云海公司共发行 6 亿元股份，每股 11.46 元，实际成交 4 亿元，故云海公司支付的承销费及律师费均应以 4 亿元为基数按比例收取。对于认购协议，双方需要相互支付对价，如果楼建峰认购股份并缴纳了认购款，云海公司应当给予楼建峰相应股份，楼建峰作为股东享有股东权利。一审判决片面强调云海公司未收取认购款产生了利息损失，却忽视了楼建峰作为股东的回报。实际上，由于当时的股价是 11.46 元/股，而现在的股价是 20 元/股，云海公司反而因楼建峰未认购股份获利。因此，一审判决对于云海公司的损失计算不符合资本市场股权投资特征。

（3）认购协议中楼建峰与云海公司的权利义务明显不对等。第十条"违约责任"中虽然约定任何一方违约都应承担违约责任，但又约定云海公司不能发行股票时，不承担任何责任。且双方在认购协议中并未明确楼建峰的邮寄送达地址，云海公司亦未提供直接证据证明楼建峰已收到缴款通知书。在 2016 年 3 月 8 日云海公司董事会秘书吴剑飞与楼建峰的电话录音中，吴剑飞仅称要报送发行方案，但未具体指明报何方案，亦未告知楼建峰缴款时间及股票发行的截止时间，故楼建峰无法知晓缴纳股款时间，并错失投资机会，事实上给楼建峰造成了巨大损失。

云海公司辩称：一审判决认定事实清楚、适用法律正确，请求驳回上诉，维持原判。理由如下：（1）双方签订的认购协议因其条件成就而生效，该协议系双方真实意思表示，合法有效，双方均应按照该协议约定履行自己的义务。云海公司在该认购协议生效前及生效后既未要求撤销该协议亦未要求确认该协议无效，因此楼建峰要求云海公司承担缔约过失责任无法律依据。楼建峰认为云海公司与联创公司签订的并购框架协议对其具有误导性与事实不符。并购框架协议仅是云海公司与联创公司之间的合作意向，并不是云海公司对投资者的承诺，更不是楼建峰与云海公司签订认购协议的前提。在公告中云海公司已经提示尚未与联创公司达成具体的合作计划，楼建峰与证券市场相关专业人士对此予以积极评价及良好预期并不是云海公司误导的结果。云海公司已按《证券法》的相关规定对并购框架协议的内容进行了公告，并在公告中提示了风险，故并购框架协议与认购协议的签订及履行不具有法律上的关联性。

（2）楼建峰的违约行为致使云海公司99999989.76元资金不能募集到位，也使相应的8802816股的股份依法不得再向其他任何第三人发行，云海公司同等金额的银行贷款不能偿还、流动资金不能到账。因此并不存在云海公司因楼建峰违约而获利的事实。如果楼建峰履行了认购义务，则云海公司取得了99999989.76元资金的所有权，并可对该笔资金无偿无限期使用，不仅节省了巨大的利息支出且企业流动资金提供充足来源，更有利于公司的长远发展并带来更多利润。因此，楼建峰的违约行为给云海公司造成的损失远远超过了认购协议中约定的违约金数额。

（3）双方在认购协议第一页已经明确了各自的住所。股票发行过程当中，云海公司均是按照楼建峰预留的住所地向楼建峰寄送缴款通知书，从查询结果看，楼建峰已经收到了云海公司寄送的邮件。故楼建峰关于未收到邮件的陈述与事实不符。

云海公司向一审法院起诉请求：楼建峰向云海公司支付违约金9999998.90元。

楼建峰向一审法院提出反诉请求：云海公司向楼建峰返还认购股份保证金300万元并赔偿利息损失（从2014年11月20日起至实际给付之日止，按照中国人民银行公布的同期贷款利率计算）。

一审法院认定事实：2014年11月20日，云海公司与楼建峰签订认购协议一份，该认购协议的生效条件为同时满足下列条件：（1）云海公司董事会已批准本次非公开发行股票方案及本协议约定的楼建峰以现金方式认购云海公司本次非公开发行股票事宜；（2）云海公司股东大会已批准本次非公开发行股票方案及本协议约定的楼建峰以现金方式认购云海公司本次非公开发行股票事宜；（3）中国证监会核准本次非公开发行股票。认购协议中还载明，楼建峰应"保证不存在结构化融资"，并确认，楼建峰"完全基于其自身对云海公司的判断认购云海公司所发行的股份，并未依赖云海公司以任何形式披露的关于云海公司的任何资料，云海公司并未就此向楼建峰作出任何形式的声明、保证及承诺"。

合同约定违约方应向对方支付拟认购本次非公开发行股票总金额 10% 的违约金作出赔偿。如认购人未能履行本合同约定的义务和责任，则其缴纳的履约保证金及其孳息将不予返还，可以冲抵违约金。

一审法院对云海公司及华泰联合证券有限责任公司（以下简称华泰证券公司）向楼建峰邮寄缴款通知的事实予以认定；对云海公司提交的 2016 年 1 月 6 日、3 月 8 日吴剑飞与楼建峰的电话录音，一审庭审中已当庭播放，楼建峰本人当庭并未对录音及其内容予以否认，故一审法院对电话录音的真实性予以认定。结合上述证据，一审法院认定楼建峰对应按照认购协议缴款的事实明知。楼建峰虽否认收到云海公司及华泰证券公司邮寄的通知，但收件人地址为楼建峰户籍所在地，且为楼建峰在认购协议中载明的地址，楼建峰能够收到寄往上述地址的信件。即使楼建峰无法及时收到上述通知，但结合电话录音的内容，楼建峰陈述因为配资及股价低的原因而拒绝缴款，证明楼建峰已知悉缴款相关事宜。

一审法院认为，本案争议焦点为：（1）认购协议是否有效；（2）认购协议是否已解除；（3）楼建峰未缴款的行为是否构成违约；（4）如楼建峰违约，云海公司主张的违约金是否过高。

关于争议焦点一，认购协议系云海公司与楼建峰真实意思表示，依法成立。楼建峰陈述云海公司存在通过发布误导性公告欺诈投资者的行为，但认购协议中明确载明楼建峰"完全基于其自身对云海公司的判断认购云海公司所发行的股份，并未依赖云海公司以任何形式披露的关于云海公司的任何资料，云海公司并未就此向楼建峰作出任何形式的声明、保证及承诺"，楼建峰未能提供证据对上述内容予以反驳。该认购协议为附条件生效的合同，自条件成就时生效，现认购协议已满足生效条件，应为有效合同。

关于争议焦点二，当事人协商一致，可以解除合同；符合法律规定的情形，当事人亦可以解除合同。由于云海公司与楼建峰并未协商一致解除认购协议，当事人也未行使法定解除权，故认购协议并未解除。

关于争议焦点三，根据认购协议约定，楼建峰同意在本协议生效后，按照云海公司和本次发行保荐结构发出的缴款通知的要求，以现金方式一次性将扣除已缴纳的履约保证金后的其余全部认购价款划入保荐机构为本次发行专门开立的账户。云海公司按照认购协议中楼建峰所留的户籍所在地向楼建峰邮寄缴款通知，并与楼建峰电话联系，履行合同义务的行为并无不妥。楼建峰虽称未收到通知，但其已明知需要缴款，作为合同当事人应按照合同约定全面履行自己的义务，楼建峰应主动询问缴款事宜。而电话录音中，楼建峰因配资及股价低的问题，口头陈述不参加发行，具备主观上的违约故意，且最终楼建峰也未按照认购协议约定缴纳认购款，楼建峰的行为已构成违约。

关于争议焦点四，违约金应以补偿性为主、惩罚性为辅。如楼建峰按约履行认购协议，则其所缴纳认购款将成为云海公司资本。云海公司陈述楼建峰违约导致云海公司相应利息损失，一审法院认为云海公司的利息损失合理存在，且该损失持续存在、一直扩大，因此云海公司按照认购协议的约定主张违约金为楼建峰拟认购金额的10%，符合合同约定及法律规定，并无不妥，应予支持。

综上，云海公司的诉讼请求应予支持；楼建峰以认购协议效力存疑或认购协议已经解除为由，要求云海公司返还履约保证金的诉讼请求，应不予支持。楼建峰应向云海公司支付违约金9999998.90元，扣除其已缴纳的履约保证金300万元，还应向云海公司支付6999998.90元。据此，一审法院依照《合同法》第八条、第四十五条、第六十条、第一百零七条、第一百一十四条，《民事诉讼法》第一百四十二条之规定，作出判决。

| 裁判结果 | 一审判决：（1）楼建峰应于判决生效之日起十日内一次性向南京云海特种金属股份有限公司支付违约金6999998.90元（已扣除履约保证金300万元）；（2）驳回楼建峰的反诉请求。

被告不服一审判决，提起上诉。二审法院驳回上诉，维持原判。

| 裁判理由 | 对一审判决已查明的案件事实，双方当事人均无异议，南京市中级人民法院依法予以确认。经双方当事人确认，本案二审归纳争议焦点为：（1）云海公司是否应承担缔约过失责任；（2）一审判决对楼建峰违约责任的认定是否适当。

二审法院认为，关于争议焦点一，云海公司是否应承担缔约过失责任的问题。《合同法》第四十二条规定，当事人在订立合同过程中有下列情形之一，给对方造成损失的，应当承担损害赔偿责任：（一）假借订立合同，恶意进行磋商；（二）故意隐瞒与订立合同有关的重要事实或者提供虚假情况；（三）有其他违背诚实信用原则的行为。可见，缔约过失责任是指在合同订立过程中，一方因故意或过失违背依其诚实信用原则所应尽的义务，使合同未成立、被撤销或无效而致另一方信赖利益损失时应承担的民事责任。而本案中，案涉认购协议系双方当事人真实意思表示，不违反法律法规的强制性规定，业已成立并生效，因此本案中不存在缔约过失责任适用之前提。且在认购协议中，楼建峰已确认"完全基于其自身对云海公司的判断认购云海公司所发行的股份，并未依赖云海公司以任何形式披露的关于云海公司的任何资料，云海公司并未就此向楼建峰作出任何形式的声明、保证及承诺"，其亦未提供任何证据证明云海公司在与其订立认购协议时对其作出承诺及双方订立认购协议的前提必须是云海公司与联创公司落实并购框架协议的内容，故楼建峰关于云海公司在订立认购协议时违反诚实信用原则应承担缔约过失责任的上诉意见，缺乏事实和法律依据，二审法院不予支持。

关于争议焦点二，一审对楼建峰违约责任的认定是否适当的问题。二审法院根据已查明事实及在案证据综合分析如下：首先，根据认购协议的约定，楼建峰应按缴款通知书的要求将认购股款缴纳至专门账户。但在云海公司与华泰证券公司共计四次向楼建峰的户籍所在地亦即认购协议中载明的楼建峰住所地寄送缴纳通知书后，楼建峰并未按期按约缴纳认购股款，其行为已构成违约，应当承担违约责任。其次，楼建峰主张其未收到缴款通知书，亦不清楚缴款时间，但云海公司与华泰证券公司根据认购协议中载明的楼建峰住址向其邮寄缴款通知书，并无不当。且根据云海公司提交的快递查询单可以反映，前述缴款通知书均已妥投并签收，应视为楼建峰已收到缴款通知书。另结合 2016 年 1 月 6 日及 3 月 8 日云海公司吴剑飞与楼建峰的通话录音内容，亦可证明楼建峰明确知晓吴剑飞来电是要求其根据认购协议的内容履行缴款义务，但楼建峰明确表示"股价低，没办法参加，违约金你们看着办"。可见，楼建峰主观上具有违约故意，其以未收到缴款通知书，亦不清楚缴款时间为由主张其不存在违约行为，无事实依据，二审法院不予采纳。最后，上市公司非公开发行股票的实质是定向增发，目的在于募集资金，充实公司资本金，进而提升上市公司业绩、资产质量及营利能力。从认购协议亦可看出，云海公司募集资金的用途是补充流动资金、偿还银行贷款，且股票锁定期为三年，但由于楼建峰未按约缴纳 99999989.76 元股款，致云海公司在三年内利用该部分资金充实公司流动资金及偿还银行贷款的计划落空。现云海公司要求楼建峰按照认购协议约定按认购股款总金额的 10% 承担违约金，符合合同约定，该数额与云海公司损失相比并非畸高。有鉴于此，一审判决关于楼建峰违约责任的认定，并无不当。楼建峰关于其因未认购股票导致股东权利丧失，云海公司因此而获利的主张，无事实依据，且其股东权利丧失是因自身违约行为所致，与云海公司无关，故二审法院对楼建峰该项上诉意见，不予采纳。

综上，上诉人楼建峰的上诉请求不能成立，应予驳回。一审判决认定事实清楚，适用法律正确，实体处理亦无不当，应予维持。

（二）裁判旨要

在确定违约责任的形式时，应当遵循合同的自愿原则，违约金应以补偿性为主、惩罚性为辅。

（三）律师评析

本案涉及之纠纷是在"定增"过程中产生的纠纷，还涉及是否存在缔约过失责任以及违约责任如何界定的问题，在法律适用方面比较有借鉴意义。

1. 确定违约责任的形式时，应当依据合同的自愿原则予以判断

在司法实践中，《合同法》并不惧怕违约，违约责任制度就是为此而设的。在确定当事人一方是否违约时，合同的解释也是非常关键的问题。确定违约责任的形式时首先应看合同双方的约定。

第一，合同解释应首先适用狭义解释。合同解释属于一种法律行为的解释，是指把握合同所使用语言、文字的意义，以阐明当事人真意，从而确定、补充或修正合同内容的作业。[8] 合同解释分为狭义的解释、补充的解释和修正的解释。《合同法》第一百二十五条第一款规定当事人对合同条款的理解有争议的，应当按照合同所使用的词句、合同的有关条款、合同目的、交易习惯以及诚实信用原则，确定该条款的真实意思。该条款规定了狭义合同解释应采用主客观相结合的判断标准。在上述合同解释方法不能求得当事人真实意思表示或依据该方法明显不公平时，才可以运用合同目的、交易习惯、诚实信用原则等方法确定当事人的真意。

第二，确定违约责任的形式时先看双方合同的约定。一般而言，如果履行合同中有违约行为发生，当事人一般会本能地出现协商解决纠纷的需求，这也正是《合同法》第一百二十八条立法的主要理由。当事人对违约行为究竟应承担哪些违约责任，这些违约责任的范围究竟有多大，应由当事人作出选择。在确定违约责任形式时坚持合同自愿原则，主要表现为法院在处理合同争议时应充分尊重当事人的选择权。当然，为了防止权利滥用和不公平的情形，在确定违约责任形式时坚持合同自愿原则又不是绝对的。由于当事人对违约责任形式的约定和事后达成的协议有可能存在显失公平甚至违法、违规的问题，因而法

---

[8] 参见邱聪智：《民法研究（一）》（增订版），中国人民大学出版社2002年版。

律规定公权力机关在某种程度上会进行必要的干预。这些干预主要是通过《合同法》的其他规定来实现的,例如《合同法》第五条、第六条确立的公平原则和诚实信用原则,就成为违约赔偿中出现显失公平等情形时是否赔偿以及赔偿多少的主要法律标准。

第三,在确定违约责任形式时,应坚持当事人的约定优先、法定为辅的规则。违约责任的形式如果是当事人在合同中约定或事后商定的,通常称作约定违约责任。如果当事人在合同中并未约定或事后无法协商一致,但在法律中却有明确规定的,通常称作法定违约责任。坚持当事人约定优先、法定为辅的规则,要遵守《合同法》第十二条、第一百零七条的规定;另外,如果当事人在合同中未定明违约责任的具体形式,又未能达成一致协议,《合同法》确定的法定违约责任形式就是必要的。

2. 缔约过失责任承担需要满足其构成要件

关于缔约过失责任的含义,学术界的通说主要从三个方面进行阐释:第一,缔约过失责任发生于合同订立过程中,是在要约生效后、合同生效前产生的;第二,缔约过失责任是违反先契约义务的民事责任;第三,缔约过失责任是保护他人信赖利益的民事责任[9]。可以说,在合同关系中,缔约过失责任是为了救济无过错方因信赖利益而遭受之损失而生。从缔约过失责任的概念来看,缔约过失责任成立需具备以下要件:第一,缔约人单方面违反了先合同义务;第二,缔约人因出现过失或错误而违反了先合同义务;第三,因缔约人在缔约过程中的过错,导致相对人受到相应的直接损失;第四,在缔约过程中,缔约人的过失或错误行为与相对人的损失之间存在直接的因果关系[10]。

我国关于缔约过失责任的法律规定主要体现在《民法通则》与《合同法》之中。学术界的主流观点是我国《合同法》第四十二条、第四十三条规定了缔约过失责任的一般规则。缔约过失责任的赔偿范围为"由此产生的费用和给相对人造成的实际损失"(《合同法司法解释(二)》第八条后段),大多为信赖利益的损失。所谓信赖利益,是指缔约人信赖合同有效成立,但因法定事由发生,致使合同不成立、无效、不被追认或被撤销等而造成的损失[11]。在一些案件中,信赖利益是得到强调的。例如,北京市高级法院在北京晨光汇龙电子科技

---

〔9〕 参见王培韧:《缔约过失责任研究》,人民法院出版社 2004 年版。
〔10〕 参见李琳琳:《试论缔约过失责任适用效力扩充及损害赔偿拓展》,载《学术交流》2016 年第4 期。
〔11〕 参见崔建远:《合同法》,法律出版社 2010 年版。

发展有限公司诉法国泰雷兹通信公司一案中认为缔约过失责任的赔偿应以信赖利益损失或实际损失为准。[12]

（四）相关法条及司法解释

《中华人民共和国民法典》

第五百七十七条　当事人一方不履行合同义务或者履行合同义务不符合约定的，应当承担继续履行、采取补救措施或者赔偿损失等违约责任。

第五百八十四条　当事人一方不履行合同义务或者履行合同义务不符合约定，造成对方损失的，损失赔偿额应当相当于因违约所造成的损失，包括合同履行后可以获得的利益；但是，不得超过违约一方订立合同时预见到或者应当预见到的因违约可能造成的损失。

第五百八十五条　当事人可以约定一方违约时应当根据违约情况向对方支付一定数额的违约金，也可以约定因违约产生的损失赔偿额的计算方法。

约定的违约金低于造成的损失的，人民法院或者仲裁机构可以根据当事人的请求予以增加；约定的违约金过分高于造成的损失的，人民法院或者仲裁机构可以根据当事人的请求予以适当减少。

当事人就迟延履行约定违约金的，违约方支付违约金后，还应当履行债务。

---

〔12〕　北京市高级人民法院：《北京法院指导案例》（第五卷），知识产权出版社 2010 年版。

第十二章　证券欺诈责任纠纷

一、证券欺诈责任纠纷概述

随着中国证券市场的不断发展，证券市场存在的交易地位不平等、信息不对称以及市场形势等多变性的特点导致证券欺诈问题日益凸显。我国已陆续颁布了一系列有关证券市场规范行为的法律、法规和规章，将证券市场的交易方式和管理手段逐步规范化和制度化。然而随着证券市场的快速扩张，证券市场的法制建设尚未形成成熟、完善的证券运行机制及证券监管体制尚未建立，证券欺诈等违法犯罪的现象也就频繁发生。

《民事案件案由规定》第一级案由第八部分是"与公司、证券、保险、票据等有关的民事纠纷"，其下二级案由之二十四是"证券纠纷"，证券欺诈责任纠纷是该二级案由下的第三级案由，包含证券内幕交易责任纠纷、操纵证券交易市场责任纠纷、证券虚假陈述责任纠纷、欺诈客户责任纠纷四个四级案由。

证券内幕交易责任纠纷是指由证券、期货交易内幕信息的知情人员或者非法获取证券、期货交易内幕信息的人员在涉及证券的发行，证券、期货交易或者其他对证券、期货交易价格有重大影响的信息尚未公开前，买入或者卖出该证券，或者从事与该内幕信息有关的期货交易，或者泄露该信息，或者明示、暗示他人从事上述交易活动的违法行为引发的纠纷。内幕交易、泄露内幕信息罪具有极大的隐蔽性和复杂性，增加了其认定难度。内幕交易、泄露内幕信息罪违背了证券市场交易的公开、公平、公正原则，严重影响证券市场的健康发展，具有很大的社会危害性。本罪的犯罪主体是自然人和单位，通常是知悉内幕信息的人，我国《证券法》明确了证券交易内幕信息的知情人包括：发行人及其董事、监事、高级管理人员；持有公司百分之五以上股份的股东及其董事、监事、高级管理人员，公司的实际控制人及其董事、监事、高级管理人员；发行人控股或者实际控制的公司及其董事、监事、高级管理人员；由于所任公司职务或者因与公司业务往来可以获取公司有关内幕信息的人员；上市公司收购人或者重大资产交易方及其控股股东、实际控制人、董事、监事和高级管理人员；因职务、工作可以获取内幕信息的证券交易场所、证券公司、证券登记结算机构、证券服务机构的有关人员；因职责、工作可以获取内幕信息的证券监督管理机构工作人员；因法定职责对证券的发行、交易或者对上市公司及其收购、重大资产交易进行管理可以获取内幕信息的有关主管部门、监管机构的工作人员；国务院证券监督管理机构规定的可以获取内幕信息的其他人员。

操纵证券交易市场是指利用资金优势、持股优势或者信息优势，采用连续交易、自我交易或者公然"抢帽子"交易等人为干扰证券市场上的供求关系，控制某一证券的价格或者走势，影响证券市场价格，制造证券市场假象，诱导或者致使普通投资者在不了解事实真相的情况下作出证券决定，以获取利益或者减少损失的行为。

我国《证券法》明确禁止以下列手段操纵证券市场，影响或者意图影响证券交易价格或者证券交易量：（1）单独或者通过合谋，集中资金优势、持股优势或者利用信息优势联合或者连续买卖；（2）与他人串通，以事先约定的时间、价格和方式相互进行证券交易；（3）在自己实际控制的账户之间进行证券交易；（4）不以成交为目的，频繁或者大量申报并撤销申报；（5）利用虚假或者不确定的重大信息，诱导投资者进行证券交易；（6）对证券、发行人公开作出评价、预测或者投资建议，并进行反向证券交易；（7）利用在其他相关市场的活动操纵证券市场；（8）操纵证券市场的其他手段。操纵证券市场行为给投资者造成损失的，应当依法承担赔偿责任。操纵证券交易市场已经成为证券市场中仅次于内幕交易的高发违法类型。虽然《证券法》里规定了操纵证券市场行为给投资者造成损失的，行为人应当依法承担赔偿责任，但目前尚没有具体实施细则。

证券虚假陈述责任纠纷是指证券市场上证券信息披露义务人违反《证券法》规定的信息披露义务，在提交或公布的信息披露文件中作出违背事实真相的陈述或记载，侵犯了投资者合法权益而发生的民事侵权责任纠纷。证券虚假陈述表现形式为虚假记载、误导性陈述及在披露信息时发生重大遗漏、不正当信息披露。

根据《最高人民法院关于审理证券市场因虚假陈述引发的民事赔偿案件的若干规定》（以下简称《虚假陈述赔偿规定》）的规定，虚假记载是指信息披露义务人在披露信息时，将不存在的事实在信息披露文件中予以记载的行为；误导性陈述是指虚假陈述行为人在信息披露文件中或者通过媒体，作出使投资人对其投资行为发生错误判断并产生重大影响的陈述；重大遗漏是指信息披露义务人在信息披露文件中，未将应当记载的事项完全或者部分予以记载。不正当披露是指信息披露义务人未在适当期限内或者未以法定方式公开披露应当披露的信息。证券市场虚假陈述纠纷的权利主体是因听信虚假陈述作出证券买卖行为而遭受损失的投资者，而证券市场虚假陈述的责任主体包括发起人、控股股东等实际控制人；发行人或者上市公司；证券承销商；证券上市推荐人；会计师事务所、律师事务所、资产评估机构等专业中介服务机构；发行人或者上市公司、证券承销商、证券上市推荐人单位中负有责任的董事、监事和经理等高级管理人员以及会计师事务所、律师事务所、资产评估机构等专业中介服务机构直接责任；其他作出虚假陈述的机构或者自然人。证券虚假陈述责任纠纷案件一般要求：（1）信息披露义务人（如上市公司）存在重大虚假陈述行为；（2）投资者因交易该股票遭受损失；（3）投资者遭受的损失和虚假陈述行为间存在因果关系。

随着中国证监会监管力度的持续加大，证券欺诈类案件也越来越多，上市公司、金融机构违反证券法的相关行为不仅触犯行政监管制度，有的也会侵犯投资者的民事权益。随着维权意识的提升，投资者越来越多地以欺诈客户责任纠纷为由提起民事诉讼，要求侵权者承担民事赔偿责任。

二、对内幕交易、泄露内幕信息行为的惩处

（一）典型案例

☞ **江苏省南通市人民检察院诉刘宝春、陈巧玲内幕交易案**[1]

【关键词】 内幕交易 泄露内幕信息罪 内幕信息知情人员

｜基本案情｜ 公诉机关：江苏省南通市人民检察院；被告人：刘宝春，因本案于 2009 年 12 月 30 日被逮捕；被告人：陈巧玲，因本案于 2009 年 12 月 30

----

〔1〕 （2010）通中刑二初字第 0005 号，《最高人民法院公报》2013 年第 1 期。

日被逮捕。

2009年1月，中国电子科技集团公司第十四研究所（以下简称十四所）为做强该所下属企业国睿集团有限公司（以下简称国睿集团），欲通过一家上市公司进行资产重组"借壳"上市。时任南京市经济委员会（以下简称南京市经委）主任的被告人刘宝春受南京市政府的指派，负责牵线联系十四所与高淳县政府洽谈由十四所重组江苏高淳陶瓷股份有限公司（以下简称高淳陶瓷公司）事宜。2月，刘宝春与双方磋商出台合作方案。3月6日，由十四所草拟的《合作框架》形成初稿。后洽谈双方对合作框架多次进行磋商、修改。4月19日，十四所将双方最终商定的《合作框架意向书》送至南京市经委，刘宝春在该意向书上作为鉴证方签名并加盖南京市经委公章。4月20日，高淳陶瓷股票在股市开盘后出现涨停。同日，高淳陶瓷公司发布《关于公司重大事项停牌公告》，宣布公司控股股东正在筹划重大资产重组事项，高淳陶瓷股票自4月21日起停牌。自4月21日至5月21日，高淳陶瓷公司例行发布《重大资产重组事项进展公告》《复牌公告》等一系列公告。5月22日，高淳陶瓷股票复牌交易后价格上扬，在该股票的交易日内连续10个涨停。高淳陶瓷公司于2003年1月在上海证券交易所上市。在十四所重组前，高淳县国有资产经营（控股）有限公司持有的高淳陶瓷公司国有股占该公司总股本的31.33%，是该公司第一大股东、实际控制人。

2009年2—3月，被告人刘宝春在牵线联系高淳陶瓷公司资产重组期间，将重组信息透露给在南京证券有限责任公司工作的配偶被告人陈巧玲。在刘宝春的授意下，陈巧玲自2009年4月1日至4月15日，买入高淳陶瓷股票共计614022股，支付人民币共计4391183.20元；自2009年5月22日至6月24日，将高淳陶瓷股票全部卖出，收入金额人民币共计11890662.42元，非法获利人民币共计7499479.22元。

2010年3月17日、4月22日，中国证券监督管理委员会（以下简称中国证监会）认定：2009年3月6日，十四所与高淳县政府商洽重组高淳陶瓷公司，并形成合作框架初稿等事项，在公开披露前属于《证券法》第七十五条规定的内幕信息；被告人刘宝春属于《证券法》第七十四条规定的证券交易内幕信息的知情人；内幕信息的价格敏感期为2009年3月6日至4月20日。

|裁判结果| 江苏省南通市中级人民法院判决：（1）被告人刘宝春犯内幕交易罪，判处有期徒刑5年，并处罚金人民币750万元。（2）被告人陈巧玲犯内幕交易罪，免予刑事处罚。（3）被告人刘宝春、陈巧玲违法所得人民币

7499479.22 元予以追缴，上缴国库。

一审宣判后，被告人刘宝春、陈巧玲在法定期间内均未提出上诉，检察机关也未提出抗诉，判决已发生法律效力。

| 裁判理由 | 法院认为，本案中，从参与主体和内容看，被告人刘宝春牵线的高淳陶瓷公司资产重组，涉及相对控股 31.33% 的股东转让股权，属于持有公司百分之五以上股份的股东，其持有股份、控制公司的情况发生较大变化的法定重大事件；由十四所受让股权，拟成为第一大股东，属于公司股权结构的重大变化。上述事项均是法定的内幕信息。从时间上看，2009 年 3 月 6 日的《合作框架》是内幕信息的第一次书面化，虽双方对洽谈重组方案有几易其稿、不断完善的过程，但所涉十四所受让国有股、成为公司第一大股东和实际控制人等内容始终被保留，即十四所重组高淳陶瓷公司"借壳"上市的总思路从一开始即已确定。从知情范围来看，自 2009 年 3 月 6 日形成《合作框架》初稿，到 4 月 20 日高淳陶瓷公司发布停牌公告、向社会公开披露重大资产重组事项前，该内幕信息的知悉人控制在很小的范围内，具有秘密性，完全符合内幕信息尚未公开的法定要求。从影响力来看，因高淳陶瓷公司于停牌期间发布一系列公告信息，在 2009 年 5 月 22 日复牌交易后，高淳陶瓷股票连续 10 个涨停，充分说明资产重组事项对股票市场价格的重大影响。因此，中国证监会作出关于 2009 年 3 月 6 日，十四所与高淳县政府商谈由十四所重组高淳陶瓷公司，并形成合作框架，以上事项在公开披露前属于内幕信息，价格敏感期为 2009 年 3 月 6 日至 4 月 20 日的认定意见，有充分的事实依据和法律依据。

被告人刘宝春代表南京市经委，作为十四所与高淳县政府洽谈十四所对高淳陶瓷公司资产重组事项的南京市政府部门联系人，参与了重组过程。在此期间，洽谈双方均多次告知刘宝春合作谈判的进展情况，刘宝春也多次向南京市政府分管领导进行汇报。刘宝春因其担任的行政机关职务、履行其工作职责而获悉了内幕信息。刘宝春在价格敏感期内外借巨资买入巨额高淳陶瓷股票、牟取巨额利益的行为，也充分证明其是内幕信息知情人。作为国务院证券监督管理机构的中国证监会作出的刘宝春属于《证券法》第七十四条规定的证券交易内幕信息知情人的认定，有充分的事实依据和法律依据，应予采信。

被告人刘宝春和被告人陈巧玲是夫妻关系，刘宝春知悉十四所重组高淳陶瓷公司的内幕信息后，泄露给陈巧玲。在刘宝春的授意下，陈巧玲通过家庭实际控制的多个股票交易账户，将刘宝春所借巨资，以及卖出其他股票所得资金全部买入高淳陶瓷股票，获得非法利益。上述事实充分说明陈巧玲主观上知道高淳陶瓷公司资产重组的信息，其客观上实施具体操作股票交易、帮助实现犯罪目的的行为，构成共同犯罪。

中国证监会是国务院证券监督管理机构，依法行使监督管理全国证券期货市场、维护证券期货市场秩序的行政职能。《证券法》赋予中国证监会对内幕信息、知情人员等的认定权。最高人民法院、最高人民检察院、公安部、中国证监会《关于整治非法证券活动有关问题的通知》规定，对非法证券活动是否涉嫌犯罪，由公安机关、司法机关认定；公安机关、司法机关认为需要有关行政主管机关进行性质认定的，行政主管机关应当出具认定意见。故中国证监会在法定职权范围内，对本案内幕信息、知情人员、价格敏感期起止日期以及利用内幕信息进行股票交易等出具的认定意见，是根据法律授权作出的专业认定，符合客观事实和法律规定，具有证明力。

综上，被告人刘宝春作为十四所与高淳县政府洽谈十四所重组高淳陶瓷公司事项的南京市政府部门联系人，因履行工作职责获取了内幕信息，是内幕信息知情人员。在内幕信息尚未公开前，刘宝春向被告人陈巧玲泄露该信息，共同利用所知悉的内幕信息进行股票交易，情节特别严重，其行为均构成内幕交易罪。本案系共同犯罪，刘宝春是主犯，陈巧玲是从犯。

（二）裁判旨要

持有公司百分之五以上股份的股东转让股权的，属于法定重大事件，本案中十四所重组高淳陶瓷公司"借壳"上市，该内幕信息的知悉人控制在很小的范围内，具有秘密性，完全符合内幕信息尚未公开的法定要求。且高淳陶瓷公司复牌交易后股票连续涨停，充分说明资产重组事项对股票市场价格的重大影响。上述事项在公开披露前均属于内幕信息。

（三）律师评析

获取违法所得是行为人实施内幕交易犯罪行为的根本经济动因。法律并不一般性地禁止利用私有信息从事金融交易，也不禁止因基于对市场公开信息获取能力差异形成的竞争优势而获取金融交易利润，而是禁止滥用内幕信息优势及其经济价值并从相关金融交易中获取利益的行为。

1. 内幕交易、泄露内幕信息罪的构成要件

本案内幕交易、泄露内幕信息罪的主体为特定主体，是知悉内幕信息的人，即内幕人员，单位也可以成为该罪的主体。内幕人员在涉及证券的发行，证券、期货交易或者其他对证券、期货交易价格有重大影响的信息尚未公开前，买入或者卖出该证券，或者从事与该内幕信息有关的期货交易，或者泄露该信息，或者明示、暗示他人从事上述交易活动。本罪的形成只能故意，过失不构成本罪。侵害的客体是证券、期货市场的正常管理秩序和证券、期货投资人的合法利益。构成本罪，情节严重的，处五年以下有期徒刑或者拘役，并处或者单处违法所得一倍以上五倍以下罚金；情节特别严重的，处五年以上十年以下有期徒刑，并处违法所得一倍以上五倍以下罚金。单位犯前款罪的，对单位判处罚金，并对其直接负责的主管人员和其他直接责任人员，处五年以下有期徒刑或者拘役。

2. 关于内幕交易、泄露内幕信息罪的立案标准

根据最高人民检察院、公安部关于印发《最高人民检察院、公安部关于公安机关管辖的刑事案件立案追诉标准的规定（二）》的通知第三十五条的规定，证券、期货交易内幕信息的知情人员、单位或者非法获取证券、期货交易内幕信息的人员、单位，在涉及证券的发行，证券、期货交易或者其他对证券、期货交易价格有重大影响的信息尚未公开前，买入或者卖出该证券，或者从事与该内幕信息有关的期货交易，或者泄露该信息，或者明示、暗示他人从事上述交易活动，涉嫌下列情形之一的，应予立案追诉：（1）证券交易成交额累计在五十万元以上的；（2）期货交易占用保证金数额累计在三十万元以上的；（3）获利或者避免损失数额累计在十五万元以上的；（4）多次进行内幕交易、泄露内幕信息的；（5）其他情节严重的情形。

3. 本案的争议焦点中对内幕信息敏感期的认定问题

在内幕交易案件中，除内幕信息的认定、内幕交易主体的认定外，对内幕信息敏感期的认定也十分重要。在实务处理中，一般会以内幕信息形成、内幕信息公开这两个时点为依据确定内幕信息敏感期。由于现行法规对内幕信息形成时点未做明确规定，故对内幕信息敏感期起始点的判断在实践审判中会因个案差异而存在一定困难。而内幕信息的公开是内幕信息依照法律的规定披露在监管机构指定的媒体之上，以使投资者得以知悉，或者可以提供给投资者进行查阅。该时点比较明确，容易判断。因此，与内幕信息形成时点相较而言，信

息公开时点的判断较为直观，而信息形成的时点判断可能存在困难，需要根据个案作具体分析。

（四）相关法条及司法解释

《中华人民共和国刑法》

第一百八十条　内幕交易、泄露内幕信息罪，证券、期货交易内幕信息的知情人员或者非法获取证券、期货交易内幕信息的人员，在涉及证券的发行，证券、期货交易或者其他对证券、期货交易价格有重大影响的信息尚未公开前，买入或者卖出该证券，或者从事与该内幕信息有关的期货交易，或者泄露该信息，或者明示、暗示他人从事上述交易活动，情节严重的，处五年以下有期徒刑或者拘役，并处或者单处违法所得一倍以上五倍以下罚金；情节特别严重的，处五年以上十年以下有期徒刑，并处违法所得一倍以上五倍以下罚金。

单位犯前款罪的，对单位判处罚金，并对其直接负责的主管人员和其他直接责任人员，处五年以下有期徒刑或者拘役。

内幕信息、知情人员的范围，依照法律、行政法规的规定确定。

《中华人民共和国证券法》（2019 年修订）

第五十二条　证券交易活动中，涉及发行人的经营、财务或者对该发行人证券的市场价格有重大影响的尚未公开的信息，为内幕信息。

本法第八十条第二款、第八十一条第二款所列重大事件属于内幕信息。

三、证券虚假陈述责任纠纷要求虚假陈述与损失间存在因果关系

（一）典型案例

☞ **张韵华与华闻传媒投资集团股份有限公司证券虚假陈述**
责任纠纷再审案[2]

【关键词】虚假陈述　重大事件

---

〔2〕　最高人民法院（2013）民申字第 1836 号。

|基本案情| 再审申请人（一审原告、二审上诉人）：张韵华；被申请人（一审被告、二审被上诉人）：华闻传媒投资集团股份有限公司，法定代表人：温子健。

华闻传媒公司1997年7月29日在深圳证券交易所上市A股，证券代码000793，证券简称"华闻传媒"。2007年4月19日，华闻传媒公司在《证券时报》发布2006年年报、2007年一季报。2008年10月31日，财政部驻海南省财政监察专员办事处向华闻传媒公司发出财驻琼监〔2008〕132号文件《检查结论和处理决定》。同时，按照《企业会计准则》28号、29号、30号规定对因利润、税收调整而影响会计列表有前期差错的，应在2008年年度报表中作公开信息披露。华闻传媒公司在收到上述专员办《检查结论和处理决定》后调整了相关账务及补缴了相关款项。2009年3月3日，华闻传媒公司在中国证监会指定的信息披露网站等媒体上发布《关于财政部驻海南省财政监察专员办事处对公司2007年度会计信息质量检查结论和处理决定暨前期重大会计差错更正的公告》。

张韵华系证券投资者，在深圳证券交易所开设证券账户。自2007年4月19日起张韵华陆续买入、卖出或持有"华闻传媒"股票。

|裁判结果| 一审法院认为，张韵华的诉讼请求缺乏事实和法律依据，判决驳回张韵华的诉讼请求。二审裁判驳回上诉，维持原判。再审法院同样认为原审判决并无不当。

|裁判理由| 一审法院审理认为：（1）根据《虚假陈述赔偿规定》第六条的规定，当事人提起证券虚假陈述民事赔偿诉讼时，必须提交行政处罚决定或者公告，或者提交人民法院的刑事裁判文书，不提交上述材料，则不符合人民法院受理此类民事诉讼的受理条件。本案张韵华在提起诉讼时，提供了专员办的《检查结论和处理决定》。该《检查结论和处理决定》内容中赋予华闻传媒公司"如对专员办拟作出的行政处罚决定有异议，可自收到本告知书之日起30日内向财政部申请复议，也可直接向人民法院提起诉讼"等权利，故专员办的《检查结论和处理决定》可以认定是一份已生效的行政处罚决定书，张韵华的起诉符合法定受理条件。（2）根据《虚假陈述赔偿规定》第一条的规定，该类民事责任案件要求行政处罚的对象是构成虚假陈述的信息披露行为。本案张韵华提供的《检查结论和处理决定》是对华闻传媒公司在2007年执行新会计准则中存在问题，会计核算、财务管理中存在问题的检查结论及处理决定，但没有认定华闻传媒公司进行了虚假陈述。因此，华闻传媒公司受到行政处罚的并不是

信息披露行为，也不是虚假陈述行为。根据《虚假陈述赔偿规定》第二十条的规定，虚假陈述实施日，是指作出虚假陈述或者发生虚假陈述之日。张韵华主张 2009 年 3 月 3 日是虚假陈述更正日，但根据《虚假陈述赔偿规定》第二十条的规定，虚假陈述行为人在虚假陈述更正日当天应自行公告更正虚假陈述并按规定履行停牌手续，而实际上，华闻传媒公司股票当天没有停牌。因此，2009 年 3 月 3 日并不符合虚假陈述更正日的规定。所以，华闻传媒公司的信息披露行为不符合《虚假陈述赔偿规定》第十七条有关虚假陈述的规定，不构成虚假陈述。(3) 根据《虚假陈述赔偿规定》第十八条的规定，证券虚假陈述责任纠纷案件索赔限于"在虚假陈述揭露日或者更正日及以后，因卖出该证券发生亏损，或者因持续持有该证券而产生亏损"的部分。由于本案在 2009 年 3 月 3 日更正信息披露后，华闻传媒公司的股价没有下跌，而是一直上涨的。因此，张韵华在 2007 年 4 月 19 日至 2009 年 3 月 3 日买入股票的损失是由证券市场系统风险和其他因素所导致的，与 2009 年 3 月 3 日华闻传媒公司更正信息的披露行为没有因果关系。

二审法院认为：华闻传媒公司 2007 年度会计信息质量、信息披露行为虽然存在问题和错误，但这些问题和错误均不属于违反证券法律规定，均不属于在证券发行或者交易过程中，对重大事件作出违背事实真相的虚假记载、误导性陈述，或者在披露信息时发生重大遗漏、不正当披露信息的行为。华闻传媒公司会计上的错误行为，与张韵华投资华闻传媒公司股票的损失之间不存在因果关系，张韵华的损失系由证券市场系统风险等其他因素导致，华闻传媒公司不应对其承担赔偿责任。张韵华的上诉主张缺乏事实和法律依据，本院不予支持。

张韵华依据《民事诉讼法》第二百条第二项、第六项的规定申请再审。

最高人民法院再审认为：(1) 关于华闻公司的信息披露行为是否构成虚假陈述的问题。构成虚假陈述的信息必须是违背事实真相的重大事件。对于财务会计报告中有关事项和数据是否构成重大事件，应当从所涉金额、事件性质、影响力等方面进行综合判断。《检查结论和处理决定》主要对华闻公司会计核算及财务管理中的错误进行了处罚。华闻公司根据该《检查结论和处理决定》，对公司 2008 年年报中的相关数据进行了调整，除归属于母公司所有者的净利润（调增 13.18%）和利润总额（调增 5.16%）调整的幅度较大以外，其余科目调整幅度均较微小，所披露信息不属重大错报，对华闻公司的股价没有实质性影响，难以构成信息披露中的重大事件。另外，2009 年 3 月 3 日，华闻公司在中国证监会指定的信息披露网站等媒体上发布的《关于财政部驻海南省财政监察专员办事处对公司 2007 年度会计信息质量检查结论和处理决定暨前期重大会计差错更正的公告》中，该公司调整后的资产总额、归属于母公司股东权益、少数股东权益、利润总额、所得税、归属于母公司所有者的净利润、少数股东损益等均比原来公布的有所增加，而负债总额有所减少。可见，相关信息纠错后客观增加了华闻公司的资产利润总额。这对华闻公司而言是正面消息，对投资者而言是利好消息。据此，二审判决认定华闻公司的信息披露行为不构成虚假陈述，依法有据。（2）关于华闻公司的信息披露行为与陆耀祥投资损失之间是否存在因果关系的问题。证券虚假陈述民事责任的索赔时间及范围限于虚假陈述揭露日或者更正日及以后，因卖出该证券发生亏损，或者因持续持有该证券而产生亏损的部分。从华闻公司相关信息更正公告后该公司的股票价格走势看，2009 年 3 月 3 日更正信息披露后至 5 月 18 日期间，华闻公司的股价不仅没有出现下跌，反而是一直上涨。据此，陆耀祥在 2007 年 4 月 19 日至 2009 年 3 月 3 日买入股票的损失是由证券市场系统风险等其他因素所导致的，与华闻公司的信息披露行为没有因果关系。

（二）裁判旨要

构成虚假陈述的信息必须是违背事实真相的重大事件。对于财务会计报告中有关事项和数据是否属于重大事件，应当从所涉金额、事件性质、影响力等方面进行综合判断。信息披露行为与投资损失之间是否存在因果关系也需要综合判断。

（三）律师评析

1. 虚假陈述行为所涉事项是否符合"重大性"

证券虚假记载、误导性陈述、重大遗漏、不正当披露等都属于证券市场虚假陈述，但是否达到赔偿标准，或者达到影响证券价格走向的标准，还需要从所涉事项是否够"重大"方面来考虑。对重大事件进行虚假陈述是认定构成证券虚假陈述的前提，因此判断信息的"重大性"成为证券虚假陈述案件审理的重点和难点。被处罚的信息披露行为所涉及的财务数据对该公司资产总额、负债及所有者权益总额、利润总额、所得税费用、净利润等报表项目影响额的大小，以及该信息对投资者决策的影响都需纳入考量（影响定性）。

在司法实践中，是否构成虚假陈述，在"重大性"问题上从两个方面考察：一是虚假陈述行为或信息的性质，判断其是否属于《证券法》或相关法规规章所规定的重大事件；二是虚假陈述行为对上市企业股票交易量及股价产生的实质影响。比对因素主要包括：（1）虚假陈述实施日前后、更正日/揭露日前后，股票交易量比较；（2）股价走势与大盘指数横向、纵向比较；（3）股价走势与同行业其他个股价格走势横向、纵向比较等。另外，法院并不一定因上市公司违法违规行为被行政处罚就认定相关信息具有重大性，而往往会通过深入分析相关信息对投资者决策的影响，对整体股价的影响，如所涉及的财务数据对公司资产总额、负债及所有者权益总额、利润总额、所得税费用、净利润等报表项目影响的大小等因素来对相关信息进行定性。法院对重大虚假陈述的重大性没有统一认定，作为投资者希望获得索赔，要确定虚假陈述行为对股价产生了重大影响。如没有对股价产生影响，即使有证监会的处罚决定，在现在的司法审判中，法官可能作出独立于证监会的判断。且，若存在系统风险，系统风险的影响全部或者部分抵消了虚假陈述行为的影响，从而阻却了投资者获得全部或者部分索赔。

2. 证券虚假陈述与损害结果之间因果关系的认定

证券虚假陈述与损害结果之间因果关系的认定是获得赔偿的前提，也是虚假陈述案件中的重要争议之一。证券虚假陈述与损害结果之间因果关系的认定主要从两个方面着手：一是需满足法律规定的客观条件，二是不能出现法律规定的免责事由。《虚假陈述赔偿规定》明确了在投资人能够证实第十八条所规定的情形时，推定因果关系成立、虚假陈述行为人负有赔偿义务，除非虚假陈述行为人能够举证证实第十九条规定之情形存在。当所谓的"侵权行为"与投资者的交易决策无因果关系时，信息披露义务人不承担赔偿责任。要证明证券虚假陈述与损害之间的因果关系，至少应该包括两个方面：一是证明是否存在交易的因果关系，即要求投资者证明其投资决策系因为信赖虚假陈述而作出，即证明"信赖"存在；二是证明损失的因果关系，即要求投资者证明其损失系因虚假陈述而导致的。[3]

〔3〕 参见赖武：《证券虚假陈述民事责任的认定》，载《法制与社会发展》2003 年第 2 期。

（四）相关法条及司法解释

《最高人民法院关于审理证券市场因虚假陈述引发的民事赔偿案件的若干规定》

第十七条 证券市场虚假陈述，是指信息披露义务人违反证券法律规定，在证券发行或者交易过程中，对重大事件作出违背事实真相的虚假记载、误导性陈述，或者在披露信息时发生重大遗漏、不正当披露信息的行为。

对于重大事件，应当结合《证券法》第五十九条、第六十条、第六十一条、第六十二条、第七十二条及相关规定的内容认定。

虚假记载，是指信息披露义务人在披露信息时，将不存在的事实在信息披露文件中予以记载的行为。

误导性陈述，是指虚假陈述行为人在信息披露文件中或者通过媒体，作出使投资人对其投资行为发生错误判断并产生重大影响的陈述。

重大遗漏，是指信息披露义务人在信息披露文件中，未将应当记载的事项完全或者部分予以记载。

不正当披露，是指信息披露义务人未在适当期限内或者未以法定方式公开披露应当披露的信息。

四、2019 年修订的《证券法》对虚假陈述的惩处力度加大

（一）典型案例

☞ 陈丽华等 23 名投资人诉大庆联谊公司、申银证券公司虚假陈述
侵权赔偿纠纷二审案[4]

【关键词】 虚假陈述　因果关系　赔偿范围

| 基本案情 | 原告：陈丽华等 23 名投资人（名单略）；被告：大庆联谊石化股份有限公司；被告：申银万国证券股份有限公司。

原告陈丽华等 23 名投资人因认为被告大庆联谊石化股份有限公司（以下简称大庆联谊公司）、被告申银万国证券股份有限公司（以下简称申银证券公司）

----

[4] 《最高人民法院公报》2005 年第 11 期。

的虚假陈述行为给其投资股票造成了损失，侵犯其民事权益，向黑龙江省哈尔滨市中级人民法院提起诉讼。

经法院审理查明：被告大庆联谊公司正式成立于 1998 年 5 月 6 日。1997 年 4 月 26 日，联谊石化总厂以被告大庆联谊公司的名义发布《招股说明书》。该说明书中，载明被告申银证券公司是大庆联谊公司股票的上市推荐人和主承销商。1997 年 5 月 23 日，代码为 600065A 的大庆联谊公司股票在上海证券交易所上市。1998 年 3 月 23 日，联谊石化总厂又以大庆联谊公司的名义发布《1997 年年报》。1999 年 4 月 21 日，根据有关部门要求，大庆联谊公司在《中国证券报》上发布董事会公告，称该公司的《1997 年年报》因涉嫌利润虚假、募集资金使用虚假等违法、违规行为，正在接受有关部门调查。2000 年 3 月 31 日，中国证监会作出《关于大庆联谊公司违反证券法规行为的处罚决定》和《关于申银证券公司违反证券法规行为的处罚决定》。处罚决定中，认定大庆联谊公司有欺诈上市、《1997 年年报》内容虚假的行为；申银证券公司在为大庆联谊公司编制申报材料时，有将重大虚假信息编入申报材料的违规行为。上述处罚决定均在 2000 年 4 月 27 日的《中国证券报》上公布。

从 1997 年 5 月 23 日起，原告陈丽华等 23 人陆续购买了大庆联谊公司股票；至 2000 年 4 月 27 日前后，这些股票分别被陈丽华等 23 人卖出或持有。因购买大庆联谊公司股票，陈丽华等 23 人遭受的实际损失为 425388.30 元，其中 242349.00 元损失发生在欺诈上市虚假陈述行为实施期间。另查明，从被告大庆联谊公司《1997 年年报》虚假陈述行为被披露的 1999 年 4 月 21 日起，大庆联谊公司股票累计成交量达到可流通部分 100% 的日期是同年 6 月 21 日，其间每个交易日收盘价的平均价格为 9.65 元；从大庆联谊公司上市虚假行为被披露的 2000 年 4 月 27 日起，大庆联谊公司股票累计成交量达到可流通部分 100% 的日期是同年 6 月 23 日，其间每个交易日收盘价的平均价格为 13.50 元。上海证券交易所股票交易的佣金和印花税，分别为 3.5‰、4‰。

| 裁判结果 | 一审法院裁判：（1）被告大庆联谊公司于本判决生效之日起 10 日内赔偿原告陈丽华等 23 人实际损失 425388.30 元（每人具体赔偿金额详见附表，本文略）；（2）被告申银证券公司对上述实际损失中的 242349.00 元承担连带赔偿责任。二审法院裁判：驳回上诉，维持原判。

| 裁判理由 | 一审法院认为：（1）《招股说明书》《上市公报》《1997 年年报》都是联谊石化总厂以被告大庆联谊公司名义发布的。这些行为已被中国证监会依照《股票管理暂行条例》的规定认定为虚假陈述行为，并给予相应的处

罚，本案各方当事人对此均无异议。根据《证券赔偿案件规定》的规定，大庆联谊公司是上市公司和大庆联谊公司股票的发行人，大庆联谊公司的实际控制人联谊石化总厂以大庆联谊公司的名义虚假陈述，给原告陈丽华等23名投资人造成损失，陈丽华等人将大庆联谊公司列为本案被告，要求大庆联谊公司承担赔偿责任，并无不当。(2)原告陈丽华等23人购买了与虚假陈述直接关联的大庆联谊公司股票并因此而遭受了实际损失，应当认定大庆联谊公司的虚假陈述行为与陈丽华等人遭受的损失之间存在因果关系。大庆联谊公司所举证据不足以否认这种因果关系，对其关于不存在因果关系的主张不予采纳。(3)根据中国证监会《处罚决定书》的认定，本案存在两个虚假陈述行为，即欺诈上市虚假陈述和《1997年年报》虚假陈述。这两个虚假陈述行为中，欺诈上市虚假陈述与被告申银证券公司相关。作为专业证券经营机构，大庆联谊公司股票的上市推荐人和主承销商，申银证券公司应当知道，投资人依靠上市公司的《招股说明书》《上市报告》等上市材料对二级市场投资情况进行判断；上市材料如果虚假，必将对股票交易市场产生恶劣影响，因此应当对招股说明书和其他有关宣传材料的真实性、准确性、完整性进行核查。申银证券公司编制被告大庆联谊公司的上市文件时，未经认真审核，致使申报材料含有重大虚假信息，已经构成共同侵权，应当对投资人的损失承担连带责任。(4)被告大庆联谊公司实施了欺诈上市虚假陈述和《1997年年报》虚假陈述，前者表现在1997年4月26日公布的《招股说明书》和《上市公告》中，后者表现在1998年3月23日公布的《1997年年报》中。因此，两个虚假陈述行为的实施日分别为1997年4月26日、1998年3月23日。1999年4月21日，大庆联谊公司首次在《中国证券报》上对该公司《1997年年报》涉嫌虚假陈述的问题进行了公告，应当确认此日为《1997年年报》虚假陈述行为的揭露日。2000年4月27日，《中国证券报》上公布了中国证监会对大庆联谊公司虚假陈述行为作出处罚的决定，应当确认此日为欺诈上市虚假陈述行为首次被披露日。自上述两个虚假陈述行为被揭露日起，至大庆联谊公司股票累计成交量达到可流通部分100%的日期，分别为1999年6月21日、2000年6月23日，这是确定两个虚假陈述行为损失赔偿的基准日。现已查明，前一个基准日的大庆联谊公司股票交易平均价格为9.65元，后一个基准日的平均价格为13.50元，而股票交易的佣金和印花税分别按3.5‰、4‰计算。按此方法计算，在虚假陈述实施日以后至揭露日之前，原告陈丽华等23人购买大庆联谊公司股票，因卖出或持续持有该股票遭受的实际损失为425388.30元。这笔损失与被告大庆联谊公司的虚假陈述行为存在因果关系,大庆联谊公司应当承担赔偿责任。其中在欺诈上市虚假陈述行为实施期间发生的242349.00元损失,应当由被告申银证券公司承担连带责任。(5)中国证监会对本案所涉虚假陈述行为人作出的处罚决定于2000年4月27日公布。自此日起算,原告陈丽华等23人提起本案侵权之诉时,并未超过法律规定的两年诉讼时效期间。

一审判决被告大庆联谊公司赔偿原告陈丽华等23人实际损失;被告申银证券公司对上述实际损失承担连带赔偿责任。一审宣判后,大庆联谊公司和申银证券公司不服,分别向黑龙江省高级人民法院提出上诉。

二审法院认为:(1)大庆联谊公司首先应当举证证明造成系统风险的事由存在,其次应当证明该事由对股票市场产生了重大影响,引起全部股票价格大幅度涨跌,导致了系统风险发生。但大庆联谊公司未能提交证据。经查,1999年4月21日至2000年4月27日期间,股票市场的大盘走势图反映股票交易比较平稳,上证综合指数并未发生大幅度下跌。由于大庆联谊公司提交的证据不能证明系统风险确实存在,原判以证据不足为由,否决大庆联谊公司关于存在系统风险,应当免除赔偿责任的抗辩主张,并无不当。(2)上诉人申银证券公司作为证券经营机构,推荐并承销上诉人大庆联谊公司股票发行,是法定的信息披露义务人。申银证券公司未尽到法律所要求的勤勉、审慎注意义务,没有对源于大庆联谊公司的虚假陈述予以纠正或出具保留意见,而且自己还编制和出具了虚假陈述文件。申银证券公司违法行为的内容和性质已被中国证监会的行政处罚予以确认。原判依据《证券赔偿案件规定》第二十七条的规定,判令申银证券公司承担共同侵权的连带责任,并无不当。申银证券公司关于其不应承担责任的上诉理由,没有法律依据和事实根据,不予支持。(3)本案所涉虚假陈述行为,确实是在上诉人大庆联谊公司成立之前,由联谊石化总厂以大庆联谊公司名义实施的。大庆联谊公司是联谊石化总厂以其部分下属企业组建成立的公司。因此,联谊石化总厂不仅是虚假陈述行为人,也是上市公司大庆联谊公司的实际控制人。被上诉人在一审中未起诉联谊石化总厂,作为上市公司,大庆联谊公司可以在先行承担赔偿责任后,再向实际控制人联谊石化总厂追偿。大庆联谊公司与其实际控制人联谊石化总厂之间的责任分配或转承关系,属另一法律关系,不在本案审理范围。(4)根据《证券赔偿案件规定》第六条的规定,投资人以自己受到虚假陈述侵害为由,对虚假陈述行为人提起民事赔偿诉讼的,必须以有关机关的行政处罚决定或者人民法院的刑事裁判文书为依据,人民法院才应当受理。

在有关机关的行政处罚决定或者人民法院的刑事裁判文书没有作出和公布前，投资人无从提起诉讼。原判根据《证券赔偿案件规定》的规定，从中国证监会对虚假陈述行为人作出的处罚决定公布之日计算本案的诉讼时效期间，是正确的。（5）原判计算买入证券平均价格的方法是：以实际交易每次买进价格和数量计算出投资人买进股票总成本，再减去投资人此间所有已卖出股票收回资金的余额，除以投资人尚持有的股票数量。按此种方法计算，不排除个别投资人买入证券的平均价格高于股票历史最高价的可能。这只是计算投资人投资差额损失过程中可能出现的一个数据，而且这个数据在很大程度上取决于投资人在揭露日前后的股票持有量。原判采用的计算方法符合《证券赔偿案件规定》，有利于保护多数投资人的利益，故不予变更。由于《证券赔偿案件规定》已明确规定，虚假陈述行为人在证券交易市场承担民事赔偿责任的范围包括利息，即所涉资金利息自买入至卖出证券日或者基准日，按银行同期活期存款利率计算，故对大庆联谊公司不同意给付投资差额损失部分利息的上诉主张，也不予支持。

（二）裁判旨要

投资人以自己受到虚假陈述侵害为由，对虚假陈述行为人提起民事赔偿诉讼的，必须以有关机关的行政处罚决定或者人民法院的刑事裁判文书为依据。

（三）律师评析

1. 关于信息披露义务主体

新修订的《证券法》对信息披露主体进行了扩充，包括从发行人、控股股东，到实际控制人、董事、监事、高级管理人员、律师事务所、会计事务所等专业机构。

2. 关于投资者的赔偿范围

根据《证券虚假程序若干规定》第三十条的规定，虚假陈述行为人在证券交易市场承担民事赔偿责任的范围，以投资人因虚假陈述而实际发生的损失为限。投资人实际损失包括投资差额损失以及投资差额损失部分的佣金和印花税。

根据司法实务并结合本案，法院在认定损失时，一般会根据《证券虚假程序若干规定》第十九条中规定的证券市场系统风险等其他因素，判定减轻相关信息披露义务人的赔偿责任，甚至判定因虚假陈述侵权赔偿构成要件中的交易因果关系不成立而完全免除相应信息披露义务人的责任。所以投资者在维权时，应注意虚假陈述与实际损失之间的因果关系及系统风险因素，这将很大程度影响法院对发行人或者上市公司赔偿范围的裁判。

3. 信息披露不实的风险防范

上市公司信息披露是投资者了解该公司的重要途径，及时关注信息披露有利于投资者进行价值判并作出投资决策。信息披露不实风险防范体现在：（1）应关注投资上市公司全部信息披露情况，尤其是其信息披露的质量和时效。若是长期不及时披露信息或者信息披露质量较差的，特别是历史上多次出现因信息披露违规被证监会处罚情况的公司，投资者需要谨慎投资。（2）应关注上市公司涉及信息披露行政处罚信息。证监会作出的行政处罚决定均在官网进行公布，可以关注是否其中有与其购买股票有关的行政处罚。若存在相关处罚，也是未来提起证券虚假陈述诉讼的重要证据。（3）应对信息披露赔偿范围有合理预期，谨慎进行投资。

2020年3月1日新修订的《证券法》生效，中国证监会对于虚假陈述的查处力度将加大。司法实践中，法院可以依据《证券法》相关规定，更加公正高效化解此类纠纷。对于投资者自身而言，仍需加强自我权益的保护，尤其要对自己购买的上市公司股票信息披露予以充分关注。若因信息披露虚假、遗漏或受到误导造成经济损失的，应及时掌握相关证据，通过司法途径维权索赔，维护自身合法权益。

（四）相关法条及司法解释

《中华人民共和国民法典》

第一百八十八条 向人民法院请求保护民事权利的诉讼时效期间为三年。法律另有规定的，依照其规定。

诉讼时效期间自权利人知道或者应当知道权利受到损害以及义务人之日起计算。法律另有规定的，依照其规定。但是，自权利受到损害之日起超过二十年的，人民法院不予保护，有特殊情况的，人民法院可以根据权利人的申请决定延长。

五、证券公司及其从业人员损害客户利益的应予以赔偿

（一）典型案例

☞ 方正证券股份公司与朱虹案欺诈客户责任纠纷二审[5]

【关键词】欺诈客户行为　诉讼时效　赔偿责任

| **基本案情** | 上诉人（原审原告）：朱虹；上诉人（原审被告）：方正证券股份有限公司岳阳东茅岭证券营业部，负责人：任雄辉；上诉人（原审被告）：方正证券股份有限公司，法定代表人：雷杰。

朱虹于 1997 年在泰阳证券有限责任公司岳阳东茅岭营业部（以下简称东茅岭营业部）开设证券账户。朱虹于 2006 年开始委托刘敏到东茅岭营业部进行证券交易。刘敏主要从事权证和股票交易。东茅岭营业部在 2007 年 10 月 26 日将佣金比例调低为万分之十。2008 年，泰阳证券有限责任公司合并到方正证券股份公司，改名为方正证券股份公司东茅岭营业部。截至 2012 年 6 月 27 日，刘敏在代理朱虹进行证券交易的过程中因权证交易所造成的亏损共计为 5316564.84 元，此外，因权证交易所产生的佣金支出为 3017168.95 元。2012 年 8 月，刘敏认为佣金收取比例过高，代理朱虹与东茅岭营业部就此进行交涉。在交涉过程中，刘敏发现为朱虹开通权证交易之前并未按相关规定向朱虹送达并签署《权证风险揭示书》，朱虹认为其知情权受到侵害，遂形成诉争。朱虹提起诉讼请求判令：方正证券股份公司、方正证券股份公司东茅岭营业部赔偿因交易权证所造成的亏损及返还不合理收取的佣金共计 700 万元。

| **裁判结果** | 二审裁判结果：（1）撤销湖南省岳阳市中级人民法院（2012）岳中民三初字第 23 号民事判决；（2）驳回朱虹的全部诉讼请求。一审案件受理费 60800 元，二审案件受理费 60800 元，合计 121600 元，由朱虹负担。本判决为终审判决。

| **裁判理由** | 一审法院认为，该案的争议焦点是：（1）朱虹的诉讼请求是否已经超过诉讼时效；（2）2007 年 6 月 27 日是否发生了交易故障及是否就交易

---

[5] 湖南省高级人民法院（2014）湘高法民二终字第 15 号。

故障达成了赔偿协议；（3）佣金收取比例是否合理；（4）东茅岭营业部是否在朱虹进行权证交易之前向朱虹送达并签署了《权证风险揭示书》；（5）朱虹的损失应如何认定及责任应由谁承担。关于焦点（1），诉讼时效应自当事人知道或者应当知道其权利受到侵害之日起开始计算。朱虹直到2012年8月在与东茅岭营业部就佣金问题进行交涉时，才发现东茅岭营业部在为其开通权证交易之前并未按相关规定向其送达并签署《权证风险揭示书》，因而诉讼时效应从此时开始起算。关于焦点（2），2007年6月27日，东茅岭营业部虽然发生了短时间的交易故障，但朱虹未能提供充分证据证实因交易故障造成了损失，也未能提供充分证据证实已与东茅岭营业部达成了减免佣金的赔偿协议。因而对于朱虹所提出的其与东茅岭营业部于2007年7月3日达成了减免佣金的赔偿协议的主张，法院不予采信。关于焦点（3），东茅岭营业部在2007年10月16日之前对于股票交易按万分之三十的比例向朱虹收取佣金，对于权证交易在2007年4月23日之前按万分之三十的比例向朱虹收取佣金，均未超过国家规定的上限，且之后根据朱虹申请均逐步下调到万分之十，因而东茅岭营业部对朱虹所确定的佣金比例是合法的。朱虹主张的向其收取的佣金比例过高的主张，法院不予采信。关于焦点（4），东茅岭营业部所提供的证据不能直接证明在朱虹进行权证交易之前向朱虹送达并签署了《权证风险揭示书》，而朱虹否认东茅岭营业部在其进行权证交易之前向其送达并签署了《权证风险揭示书》，因而法院确认东茅岭营业部在朱虹进行权证交易之前未按规定向朱虹送达并签署《权证风险揭示书》。关于焦点（5），根据东茅岭营业部提供的朱虹交易记录清单，经本院核算，截至2012年6月27日，朱虹进行证券交易的过程中因权证交易所造成的亏损共计为5316564.84元，此外，因权证交易所产生的佣金支出为3017168.95元，因而朱虹因进行权证交易所造成的损失共计应当认定为8333733.79元。东茅岭营业部未按规定向朱虹送达并签署《权证风险揭示书》，具有一定过错，当承担一定责任，但朱虹自身在逐步了解权证这一证券的特殊性后，也应当逐步增强风险防范意识，因而朱虹应对其因进行权证交易所造成的巨额损失承担主要责任。根据该案的实际情况，酌定东茅岭营业部应承担的责任比例为30%，朱虹自负70%。泰阳证券有限责任公司于2008年合并到方正证券股份公司，因而泰阳证券有限责任公司东茅岭营业部应当承担的赔偿责任应由合并后具有法人资格的方正证券股份公司承担。

一审法院判决：（1）方正证券股份有限公司赔偿朱虹因进行权证交易所造成的损失2500120.14元，此款限在该判决生效后十日内付清；（2）驳回朱虹的其他诉讼请求。一审案件受理费 60800 元，由朱虹负担 42560 元，方正证券股份公司负担 18240 元。

一审判决后，朱虹、方正证券股份公司、方正证券股份公司东茅岭营业部均不服一审判决，提起上诉。

二审法院查明，1997 年 12 月 3 日，朱虹与湖南证券股份有限公司岳阳证券交易营业部签订《电话、自助委托查询系统协议书》，该协议书第五条约定：朱虹务必对自己的交易密码严格保密。凡使用密码进入系统的交易，均视为朱虹亲自办理，因此产生的经济和法律责任由朱虹承担。1998 年 6 月 17 日至 2007 年 5 月 29 日，方正证券股份公司使用深圳市金证科技股份有限公司开发的"金证电话委托配置程序"为客户提供电话委托交易业务，其中包括自助电话开通权证交易业务。2006 年 10 月 31 日 14 点 14 分，朱虹通过电话委托方式申请开通权证交易权限，在开通过程中，朱虹在输入其股东账户和交易密码后，按照金证电话委托配置程序的电话提示选择开通权证交易，该程序即自动向其播报《权证风险揭示书》："本风险揭示书的风险揭示事项仅为列举性质，未能详尽列明权证交易的所有风险和可能影响权证价格的所有因素。投资者在参与权证交易前，应认真阅读权证发行说明书和上市公告书，对其他可能影响权证交易或权证价格的因素也必须有所了解和掌握，并确信自己已做好足够的风险评估与财务安排，避免因参与权证交易而遭受难以承受的损失。"朱虹在听完电话风险提示后，选择已经了解权证交易风险后该系统即为其开通了权证交易。

二审法院认为：（1）关于朱虹在本案中主张的请求权是否已经超过诉讼时效的问题。本院认为，基于侵权行为产生的请求权其诉讼时效从该请求权成立时起算，即从权利人知道或者应当知道其权利受损和确定具体侵权行为人时起算，而从本案所查明的事实来看，朱虹基于权证交易请求赔偿损失的请求权的诉讼时效最迟从其最后一次权证交易的 2010 年 6 月 2 日起算，经过两年至 2012 年 6 月 3 日即已超过。而朱虹提起本案诉讼的时间为 2012 年 10 月 30 日，一审判决将朱虹请求赔偿损失的请求权诉讼时效从其于 2012 年 8 月与方正证券股份公司交涉佣金问题时才开始计算，是将朱虹在本案中主观上知道其权利受损的时间与其请求权的法定成立时间混淆，而以前者作为诉讼时效的起算时间，这属认定事实错误，应予纠正。方正证券股份公司、方正证券股份公司东茅岭营业部主张朱虹的请求权已过诉讼时效的上诉请求有事实和法律依据，应予支持。（2）根据本案所查明的事实，方正证券股份公司的行为不构成侵权行为。首先，方正证券股份公司为朱虹开通权证交易权限的行为并无法律上的过错。朱虹从事权证交易系其自身通过电话委托的方式自主选择开通，并非方正证券股份公司东茅岭营业部为其违法开通。上海证券交易所于 2005 年 8 月 24 日发布的《关于重新签署〈权证风险揭示书〉有关事项的通知》第二条只是要求证券公司根据自身实际情况，灵活有效地向投资者送达并签署《权证风险揭示书》，其核心目的在于确保每个首次参与权证买卖的投资者在交易前充分了解权证交易的风险。而根据朱虹于 2006 年 10 月通过电话委托方式开通权证交易的过程，朱虹系其自主选择通过电话方式开通权证交易权限，并无证据显示系方正证券股份公司故意诱导其开通权证交易。方正证券股份公司通过系统交易软件在电话提示音中向朱虹播报了权证交易的风险，并只有在确认知道并接受权证交易特殊风险后才可以根据系统提示向下开通交易权限。该提示已经可以起到向一个正常理性的投资者揭示权证交易风险的目的，一个正常理性的投资者应当可以据此判断自己是否可以承担权证交易的风险，进而选择是否开通权证交易权限，朱虹是在确认知道并接受权证交易风险后向下选择开通了权证交易权限。其次，方正证券股份公司为朱虹开通权证交易的行为与朱虹进行权证交易发生的损失之间没有法律上的因果关系。本案所查明的事实已经清楚表明朱虹在本案中所主张的所谓损失均是其自身频繁进行权证交易造成的，如果说朱虹在开通权证交易时对权证交易的特殊风险尚不完全清楚，其在经过几次交易并发生亏损后即应理性选择停止交易，但事实是其权证交易过程一直延续了三年多，权证交易次数达几千次，并最终造成巨额亏损，该亏损显然是其非理性交易的结果，而不是方正证券股份公司为其开通权证交易权限的当然结果，两者之间不存在法律上的因果关系，不应由方正证券股份公司对朱虹的非理性交易损失承担责任，朱虹应对其自身不理性交易发生的损失自负其责。

综上，朱虹要求方正证券股份公司对其交易损失承担侵权损害赔偿责任没有事实和法律依据，方正证券股份公司上诉请求驳回朱虹的上述请求有合法依据，应予支持。原判认定事实错误，适用法律不当。

（二）裁判旨要

基于侵权行为产生的请求权，其诉讼时效从该请求权成立时起算，即从权利人知道或者应当知道其权利受损和确定具体侵权行为人时起算。在此，权利人知道或者应当知道的对象是针对利益遭受损失的事实和具体的侵权行为人而言，而非指对主张权利的依据的知晓，也即在因侵权行为人违反法定义务致人损害的情形，当权利人知道或者应当知道损害事实和确定的侵权行为人时，其请求赔偿的请求权即已依法成立，该请求权的诉讼时效也应从此时开始计算，而不管权利人在当时主观上是否知道其已依法享有该请求权。

根据一般侵权行为的归责原则，行为人承担赔偿责任须具备三个条件，一是行为人的行为有过错，二是权利人的权利受损，三是权利人的权利受损与行为人的过错行为间存在法律上的因果关系。

（三）律师评析

证券欺诈的民事赔偿应不以证券欺诈行为人获取非法利益为要件，因为在同一交易日、同一股票可能为许多人所买卖，受害人的利益损失可能为其他投资人获得，而证券欺诈人并未获利，但是受害人的利益损失与证券欺诈人之间的"交易因果关系""损失因果关系"是存在的。当然，如证券欺诈人获利，则更不能免除其民事赔偿责任。[6]

1. 证券公司及其从业人员损害客户利益的，应予以赔偿，并有可能需要承担刑事责任

《证券法》第五十七条以列举方式规定了禁止证券公司及其从业人员从事损害客户利益的行为，并明确违反规定给客户造成损失的，应依法承担赔偿责任。第一百九十四条规定，对于违反第五十七条的规定，有损害客户利益的行为的，给予警告，没收违法所得，并处以违法所得一倍以上十倍以下的罚款；没有违法所得或者违法所得不足十万元的，处以十万元以上一百万元以下的罚款；情节严重的，暂停或者撤销相关业务许可。

本案中，原告认为被告违反了上述《证券法》中第五十七条关于为"牟取佣金收入，诱使客户进行不必要的证券买卖"，及"其他违背客户真实意思表示，损害客户利益的行为"等相关规定，在原告没有签署《权证风险揭示书》，缺乏风险意识的前提下，为了牟取佣金收入，诱导原告在被告证券公司开户，最终导致原告投资巨额亏损的后果，构成欺诈客户损害客户利益的行为。而二审中，法庭认可电话播报的权证交易风险提示已经起到揭示权证交易风险的目的，朱虹具有多年的权证交易经验，最终导致的亏损显然是其非理性交易的结

---

[6] 参见齐恩平、吕永学：《证券欺诈民事责任研究》，载《金融研究》2002 年第 3 期。

果，与其是否签署了《权证风险揭示书》不存在法律上的因果关系。最终判定证券公司无须承担法律责任。

2. 涉及投资亏损与证券欺诈是否存在因果关系的认定

在司法实务中判断投资差额损失时，认定证券欺诈的因果关系存在主要依据：（1）投资亏损与证券欺诈之间是否存在内在联系；（2）导致投资者投资损失的原因与证券欺诈行为对该损失后果的影响程度；（3）排除存在系统性风险等可以导致免责或者减责的其他因素；（4）存在多重原因的，综合评估各个原因对损失所起作用大小综合酌定。

结合本案，投资亏损原因与是否签署了风险揭示书并未形成法律上的因果关系，因而损害客户利益的欺诈行为不能成立。

3. 新《证券法》的修改

新修订的《证券法》对原《证券法》第七十九条进行了修改，删除了"欺诈行为"字样，并将损害利益的行为从七项修改为现在的五项，减少了"挪用客户所委托买卖的证券或者客户账户上的资金"及"利用传播媒介或者通过其他方式提供、传播虚假或者误导投资者的信息"。实践中，本类案由发生案件量较少，但投资者仍需加强自我保护意识，减少各种侵害自身权益发生的可能性。

（四）相关法条及司法解释

《中华人民共和国证券法》（2019 年修订）

第五十七条　禁止证券公司及其从业人员从事下列损害客户利益的行为：

（一）违背客户的委托为其买卖证券；

（二）不在规定时间内向客户提供交易的确认文件；

（三）未经客户的委托，擅自为客户买卖证券，或者假借客户的名义买卖证券；

（四）为牟取佣金收入，诱使客户进行不必要的证券买卖；

（五）其他违背客户真实意思表示，损害客户利益的行为。

违反前款规定给客户造成损失的，应当依法承担赔偿责任。

第十三章 证券登记、存管、结算纠纷

一、证券登记、存管、结算纠纷概述

证券是记载并代表一定权利的书面凭证，它表明持有人有权取得相关权益。证券广义上包括资本证券、货币证券和货物证券。我国《证券法》上规定的证券仅仅是以股票、债券为主的资本证券，主要包括：股票、证券、证券投资基金，以及经国务院依法认定的其他证券。[1]

在证券领域，证券的登记、存管、结算都非常重要，需要一整套制度予以规范。目前我国证券结算主要由中央国债登记结算有限责任公司和中国证券登记结算有限公司（以下简称中国结算公司）负责，其职责主要包括证券登记、结算和账户维护三大方面。

证券登记，是指证券登记结算机构接受证券发行人的委托，通过设立和维护证券持有人名册确认证券持有人持有证券事实的行为。证券登记以发行人和投资者之间建立的法律关系为基础，在这种法律关系中，投资者是发行人的股东或债权人。证券存管，则是指证券登记结算机构接受证券公司委托，集中保管证券公司的客户证券和自有证券，并提供代收红利等权益维护服务的行为。

我国证券市场曾爆发了规模较大的券商违规问题，一个很普遍的现象是：证券经纪商挪用客户资产进行交易导致支付不能，受害的投资者陷入无法有效索赔的境地。在这样的情况下，有人将中国结算公司与挪用客户资金的证券公司一同起诉到法院。投资者主张应当由中国结算公司与证券经纪商一同为其存管的证券负责，而中国结算公司则声称其与投资者不存在直接的法律关系，故

---

[1] 参见李曙光主编：《经济法学》（第三版），中国政法大学出版社 2018 年版。

投资者无由向其主张权利。[2] 在一段时间内,几方主体围绕证券登记与证券存管活动而产生的法律关系产生了争议。

证券结算是证券交易最终完成的关键环节,其重要性不言而喻。证券结算可以分为清算和交收交割两个过程。证券结算中的清算具体来说是指在每一交易日中,每个证券公司成交的证券数量与价款分别予以札记,对证券和资金的应收或应付净额进行计算的处理过程。[3] 在证券买卖过程中,买方支付一定价款从而得到所购买的证券,这称为交割。卖方需要支付证券得到价款,这称为交收。证券结算一直是一个高风险的领域,产生了很多纠纷。

二、证券登记、存管、结算的生效需要具备相应的形式要件

法院在审理证券登记、存管、结算纠纷的案件时,一般会重视对形式要件的审查。在具备形式要件的前提下,很难推翻法院对事实的认定。中国证券登记结算有限责任公司上海分公司与德恒证券有限责任公司证券登记纠纷、存管纠纷、结算纠纷上诉案就体现了这一观点。

(一) 典型案例

☞ **中国证券登记结算有限责任公司上海分公司与德恒证券有限责任公司证券登记纠纷、存管纠纷、结算纠纷上诉案**[4]

【关键词】被风险处置证券公司 客户证券交易结算资金

| **基本案情** | 上诉人(原审原告):中国证券登记结算有限责任公司上海分公司,负责人:王迪彬;被上诉人(原审被告):大亚湾核电财务有限责任公司,法定代表人:施兵;原审被告:德恒证券有限责任公司,法定代表人:白晓昱。

2002 年 4 月 3 日,大亚湾公司与德恒证券有限责任公司深圳福明路证券营业部(以下简称福明路营业部)签订《证券交易委托代理协议书》,约定:福明路营业部接受并忠实执行大亚湾公司下达的证券交易委托,代理大亚湾公司

---

〔2〕 王凯:《回购风险探源》,载《证券市场周刊》2004 年 12 月 13 日。
〔3〕 井涛:《论证券结算客观性风险之法律控制》,载《现代法学》2005 年第 1 期。
〔4〕 一审 (2009) 深中法民二初字第 55 号;二审 (2010) 粤高法民二终字第 70 号。

进行资金、证券的清算、交收，代理保管大亚湾公司买入或存入的有价证券。同日，双方签订《上海指定交易协议书》，约定：大亚湾公司选择福明路营业部为证券指定交易的代理商，并以福明路营业部营业所在地为指定交易。大亚湾公司在福明路营业部办理指定交易生效后，其证券账户内的记名证券即同时在福明路营业部处托管。福明路营业部根据上海证券交易所及其登记结算公司传达的指定交易证券账户的余额，为大亚湾公司建立明细账，用于进行相关证券的结算过户。

2002年4月5日，福明路营业部向上海证券交易所计算机交易系统申报证券账户指定交易。同日，大亚湾公司将面值3000万元的21国债（10）30万张转入其证券账户，托管至福明路营业部处。2002年4月8日，证券账户办理了国债回购指定登记。

2002年9月20日，大亚湾公司与德恒公司签订《国债委托管理协议书》及其《附加协议》，约定：德恒公司接受大亚湾公司委托，为其提供国债管理服务，大亚湾公司本次委托德恒公司管理的国债面值为3000万元，大亚湾公司应于2002年9月24日前将其委托国债全额托管至德恒公司指定席位下；大亚湾公司账户内的国债资产属大亚湾公司所有，德恒公司在托管期内仅有经营管理权。2003年9月22日、2003年10月24日，德恒公司分别向大亚湾公司发出《承诺函》及《延期申请》，要求将上述《国债委托管理协议书》期限延至2004年4月23日，在此期间，国债委托收益按原协议执行。前述国债委托管理期间，大亚湾公司分别于2002年9月26日、2003年10月23日、2003年11月12日从德恒公司处支取托管收益。2003年7月29日，大亚湾公司以支票存入账户5200万元，用于购买国债。

2004年4月30日，涉案证券账户向上海证券交易所交易系统发出"回购注销"的申报。2004年5月24日，大亚湾公司通过交易结算系统卖出账户内部分国债。

2004年4月23日，大亚湾公司向福明路营业部出具授权委托书，要求撤销B880804741证券账户的上海指定交易业务，并将余款划入其指定账号。福明路营业部确认收到该授权委托书，但未办理相关撤销指定交易及转款手续。

2008年8月19日，原审法院对该案作出判决，支持大亚湾公司的诉讼请求，确认涉案证券账户内的债券及现金属大亚湾公司所有，并判令福明路营业部与德恒公司向大亚湾公司返还上述资产。该案宣判后，大亚湾公司与福明路营业部、德恒公司均未提起上诉，判决已发生法律效力。

其后，因福明路营业部与德恒公司未履行上述判决确定的义务，大亚湾公司申请原审法院强制执行［案号为（2009）深中法执字第140号］。在案件执行过程中，中国证券登记结算有限公司（以下简称中登公司）上海分公司向原审法院提出异议。

｜裁判结果｜ 广东省深圳市中级人民法院一审判决，中登上海分公司关于要求确认涉案证券账户仍存在合法有效的国债回购登记，并判令认定经该院依生效判决强制执行的涉案债券资产为回购质押券，或判令大亚湾公司与德恒公司承担相应赔偿责任及支付相应利息等诉讼请求均不能成立，依法予以驳回。

原告不服一审判决，提起上诉。

二审法院驳回上诉，维持原判。

｜裁判理由｜ 法院认为，大亚湾公司与福明路营业部通过签订《证券交易委托代理协议书》而成立的证券交易代理法律关系合法有效。证券登记结算机构应在日终处理时查验证券账户有无未了回购业务及有关交易交收责任，对"回购注销"无效的申报在F3文件中加入"回购注销"无效标志（代码为799995），证券公司应在剔除799995的账户后方能确认"回购注销"申报有效。中登上海分公司在本案中未提供证据证明B880804741证券账户于2004年4月30日日终仍存在未了的回购业务及有关交易交收责任，故该账户当日的"回购注销"申报应为有效。且即便依中登上海分公司主张的涉案"回购注销"申报无效，其亦未提供有效证据证明其已按交易规则对该申报作出无效处理，即在F3文件中加入"回购注销"无效标志（代码为799995）或以G3文件的形式将"回购注销"无效的回复放入德恒公司PROP信箱。因此，B880804741证券账户于2004年4月30日的"回购注销"申报无论从形式上还是从实质上均应认定有效。至此，该账户已无国债回购业务，账户内的债券资产亦不再作为回购质押券质押予中登上海分公司。

因此，无论中登上海分公司是否曾根据德恒公司的申请发出同意B880804741证券账户"回购注销"的799996清算数据代码，在自己名下的B880804741证券账户仍有相应资产的情况下，没有过错责任的大亚湾公司主张行使取回权并无不当，中登上海分公司请求确认B880804741证券账户国债回购登记合法有效，大亚湾公司应与德恒公司共同承担相应的民事责任没有事实和法律依据。

（二）裁判旨要

要申请认定"回购注销"无效的一方当事人应承担相应的举证责任。在无明确相反证据的前提下，对"回购注销"认定无效的申请，一般难以得到支持。

（三）律师评析

以证券登记、存管、结算纠纷作为案由的纠纷在司法实践中并不多见。截至 2020 年 5 月 5 日 16 时 51 分 43 秒，在中国裁判文书网上以"证券登记、存管、结算纠纷"的案由进行检索，共检索到文书 30 篇。其中，判决书 3 篇，裁定书 27 篇。

通过分析上述检索案件的相关文书，除了一件因管辖权问题被裁定不予受理的案件以外，该案由下的案件多以原告撤诉、原被告双方达成和解而告终。因此，中国证券登记结算有限责任公司上海分公司与德恒证券有限责任公司证券登记纠纷、存管纠纷、结算纠纷上诉案作为为数不多的典型案例，其判决结果和法院的说理逻辑很具有代表性。

中国证券登记结算有限责任公司及其分公司系依照《证券法》及《公司法》组建成立的中国证券市场登记结算机构，依法为证券交易提供集中登记、存管与结算服务，其办理相关业务应严格依照法律、行政法规及相应业务规则进行。

上海证券交易所于 1998 年 3 月 25 日发布的《关于试行全面指定交易制度后国债及国债回购交易有关事项的通知》即为全面指定交易后，证券登记结算机构办理国债及国债回购业务登记、存管与结算时应当遵循的规则。国债回购是指根据融资方与融券方之约定，融资方（国债持有人）将国债转移给融券方（资金持有者）并获得相应资金，同时约定于未来某一确定日按约定价格反向转移资金和国债的一种交易品种。[5] 国债回购的产生发展与国债现券市场有着紧密联系。

我国《证券法》确立了证券交易的"二级清算"原则，即客户通过证券公司进行交易申报和清算交收，证券登记结算机构则根据证券公司的交易申报及成交情况，与证券公司进行清算交收，但该原则不能免除证券登记结算机构在

---

[5]　袁碧华：《国债回购交易中经纪人的担保责任探讨》，载《金融与经济》2009 年第 4 期。

具体业务规则项下按照规则应承担的其他审核义务。

具体到本案中，中登上海分公司在本案中未提供证据证明 B880804741 证券账户于 2004 年 4 月 30 日日终仍存在未了的回购业务及有关交易交收责任，故该账户当日的"回购注销"申报应为有效。B880804741 证券账户于 2004 年 4 月 30 日的"回购注销"申报无论从形式上，还是从实质上均应认定有效。至此，该账户已无国债回购业务，账户内的债券资产亦不再作为回购质押券质押予中登上海分公司。中登上海分公司请求二审法院在本案中对原审法院生效判决及其执行行为进行审查没有法律依据。

（四）相关法条及司法解释

《中华人民共和国证券法》（2019 年修订）

第一百四十七条 证券登记结算机构履行下列职能：

（一）证券账户、结算账户的设立；

（二）证券的存管和过户；

（三）证券持有人名册登记；

（四）证券交易的清算和交收；

（五）受发行人的委托派发证券权益；

（六）办理与上述业务有关的查询、信息服务；

（七）国务院证券监督管理机构批准的其他业务。

第一百五十八条 证券登记结算机构作为中央对手方提供证券结算服务的，是结算参与人共同的清算交收对手，进行净额结算，为证券交易提供集中履约保障。

证券登记结算机构为证券交易提供净额结算服务时，应当要求结算参与人按照货银对付的原则，足额交付证券和资金，并提供交收担保。

在交收完成之前，任何人不得动用用于交收的证券、资金和担保物。

结算参与人未按时履行交收义务的，证券登记结算机构有权按照业务规则处理前款所述财产。

第十四章　融资融券交易纠纷

一、融资融券交易纠纷概述

融资融券交易，又称证券信用交易，是指投资者向具有证券交易所会员资格的证券公司提供担保物，借入资金买入上市证券或借入上市证券并卖出的行为。融资融券交易包括券商对投资者的融资、融券和金融机构对券商的融资、融券四种。

融资融券交易除具有普通证券交易所具备的宏观经济风险、政策风险、市场风险、上市公司经营风险、技术风险、违约风险、不可抗力因素导致的风险等各种风险外，还具有融资融券交易所特有的投资风险放大的风险。

处理此类纠纷主要参照《证券公司融资融券业务试点管理办法》《证券公司融资融券业务试点内部控制指引》的相关规定。根据中国证监会《证券公司融资融券业务试点管理办法》的规定，此处的"融资融券"，是指券商为投资者提供融资和融券交易。其中，融资是借钱买证券；而融券是借证券来卖，然后以证券归还，即卖空。

根据中国证监会《证券公司融资融券业务试点管理办法》的规定，对于不满足证券公司征信要求，在公司从事证券交易不足半年、交易结算资金未纳入第三方存贷、证券投资经验不足、缺乏风险承担能力或者有重大违约记录的投资者，以及证券公司的股东、关联人，证券公司不得向其融资、融券。

二、回购交易中，国债不是一般意义上的交易物

标准券是指在证券交易所指定的登记结算机构托管而用于回购交易并按交

易所规定的折算率计算出的回购抵押券。债券持有人可卖出债券的数量是根据其在交易所指定的登记结算机构库存债券数量，以交易所公布的标准券（综合券）折算率计算出的标准券（综合券）量为限。

（一）典型案例

☞ **国泰君安证券股份有限公司郑州花园路证券营业部、国泰君安证券股份有限公司与中国第一汽车集团开封汽车经销有限责任公司、海口建来发展有限公司借款担保合同纠纷案**[1]

【关键词】国债质押　国债回购　保证责任　赔偿责任

────────────────────────────

┃基本案情┃ 上诉人（原审被告）：国泰君安证券股份有限公司郑州花园路证券营业部，负责人：娄宏宇；上诉人（原审被告）：国泰君安证券股份有限公司，法定代表人：祝幼一；被上诉人（原审原告）：中国光大银行郑州分行，负责人：董建敏；原审被告：中国第一汽车集团开封汽车经销有限责任公司，法定代表人：黄奕峰；原审被告：海口建来发展有限公司，法定代表人：蔡健。

上诉人国泰君安证券股份有限公司郑州花园路证券营业部（以下简称花园路营业部）、国泰君安证券股份有限公司（以下简称国泰君安）为与被上诉人中国光大银行郑州分行（以下简称郑州分行）、原审被告中国第一汽车集团开封汽车经销有限责任公司（以下简称经销公司）和海口建来发展有限公司（以下简称海口建来）借款担保合同纠纷一案，国泰君安和花园路营业部不服河南省高级人民法院（2005）豫法民二初字第40号民事判决，向最高人民法院提起上诉。

2004年4月15日，经销公司董事会决议，以其在郑州分行8500万元存款作为保证金，向郑州分行申请开立银行承兑汇票。同年10月22日，海口建来股东会决议，同意以其网上国债为经销公司在郑州分行办理的银行承兑汇票业务提供担保。

同年经销公司与郑州分行签订银行承兑协议，约定：经销公司以其在郑州分行的存款提供的保证金及海口建来网上国债作质押担保向郑州分行申请开立银行承兑汇票；银行承兑汇票到期后，如果经销公司未能足额交存票款，郑州

────────────────────────────

〔1〕　一审（2005）豫法民二初字第40号；二审（2006）民二终字第82号。

分行仍应负凭票无条件向持票人付款的义务；郑州分行垫付款后，无须签订其他形式的合同或协议，无须通知经销公司，有权按有关法律规定将垫付款从垫付之日起转入经销公司的逾期贷款户，经销公司对该逾期贷款承担还款义务。

后来，郑州分行、经销公司、海口建来、花园路营业部以与第一笔银行承兑汇票业务相同的模式分别办理了 5 笔半年期银行承兑汇票业务。

2005 年 5 月 16 日，郑州分行向经销公司发出还款通知，要求经销公司对未到期的两笔银行承兑汇票，提供相应担保或支付承兑款项。经销公司表示其不能提供担保或支付承兑款项。

郑州分行分六案分别向河南省郑州市中级人民法院提起诉讼。河南省高级人民法院裁定将该六案移送河南省高级人民法院审理。郑州分行又重新向该院提交了起诉状。郑州分行向原审法院诉请判令经销公司向其清偿 8500 万元承兑垫款及逾期还款的同期银行贷款利息 977282 元（暂计至 2005 年 6 月 6 日）；海口建来、花园路营业部和国泰君安承担连带清偿责任。

| 裁判结果 | 一审法院判决：

（1）经销公司于判决生效后十日内偿还郑州分行借款本金 8500 万元及利息。逾期履行加倍支付迟延履行期间的债务利息。

（2）郑州分行对海口建来在营业部开立的证券账户上的国债及资金账户上的资金享有优先受偿权。

（3）海口建来、营业部对于郑州分行行使优先受偿权后不能获得清偿的本息，承担连带赔偿责任。

（4）国泰君安对营业部的上述债务承担连带责任。一审案件受理费、财产保全费由经销公司承担，海口建来、营业部、国泰君安承担连带责任。

营业部、国泰君安不服原审法院上述民事判决，向最高人民法院提起上诉。

二审法院判决：

（1）维持原判决主文第一项、第二项。

（2）撤销上述判决主文第四项。

（3）变更上述判决主文第三项为海口建来对于光大银行郑州分行行使优先受偿权后不能获得清偿的本息，承担连带赔偿责任。一审案件受理费、财产保全费，由经销公司负担，海口建来承担连带责任。二审案件受理费由光大银行郑州分行负担。

| 裁判理由 | 本案基础贸易合同系经销公司与海南旭龙签订的汽车购销合同，该合同并未违反法律、法规的强制性规定，属于合法有效的合同。本案二

审当事人争议焦点是关于海口建来提供的质押账户中国债属性及其对质押权利的影响，营业部是否违反对郑州分行承诺的鉴证义务，以及营业部与国泰君安应否承担本案连带赔偿责任。

本案质押账户内的国债在出质时已经处于回购状态，而不是国债现券。质押物本身存在瑕疵导致质押方式存在潜在的风险。国债是否处于回购状态，是由账户内标准券的数额反映的。而在损失产生的原因方面，营业部没有过错的上诉理由成立，最高人民法院予以支持。

（二）裁判旨要

在回购交易中，国债不是一般意义上的交易物，而是抵押（质押）物。质权人应当核实质押国债的真实性、有效性以及可支配性，以确保质押物对质权实现的担保，减少自身开出票据的风险。

（三）律师评析

银行等专业的金融机构，明知处于回购状态的国债质押账户存在着潜在风险，仍接受带有瑕疵、权利不完整的质押物，依据《担保法解释》第九十条关于"质物有隐蔽瑕疵造成质权人其他财产损害的，应由出质人承担赔偿责任。但是，质权人在质物移交时明知质物有瑕疵而予以接受的除外"之规定，金融机构应当对因质押物价值的减少所形成的损失自行承担责任。

在本案中需着重考虑的争议焦点主要包括：

1. 关于质押关系成立及质押物瑕疵

（1）本案质押账户内的国债在出质时已经处于回购状态，而不是国债现券。国债是否处于回购状态，是由账户内标准券的数额反映的。根据《上海、深圳证券交易所交易规则》对标准券的定义，标准券是指在证券交易所指定的登记结算机构托管而用于回购交易并按交易所规定的折算率计算出的回购抵押券。债券持有人可卖出债券的数量，根据其在交易所指定的登记结算机构库存债券数量，以交易所公布的标准券（综合券）折算率计算出的标准券（综合券）量为限。

回购交易中，国债不是一般意义上的交易物，而是抵押（质押）物。回购具备买卖和质押两种性质，形式上是国债两次买卖，实质上是质押融资。以标准券来确定融资量，以现券作为最终的担保，两者合二为一。

（2）质押物本身存在瑕疵导致质押方式存在潜在的风险。根据交易规则，处于回购状态的国债，只有在回购期满时，融资方（海口建来）从融券方将质押物（国债）购回，方能保证郑州分行的质押受偿权。如果回购期满未能购回，则质押物本身存在的这一风险将可能导致优先受偿权无法实现。因此，这种质押方式与质权的优先受偿性存在冲突，使质押方式存在潜在的风险。

2. 关于是否存在过错的认定

在本案中，相关证据已经证明，该案质权成立前，用作质押的国债已经处于回购状态。且光大银行郑州分行和深圳盛力公司签订质押合同在先，花园路证券营业部出具承诺鉴证书和接受续回购交易指令的行为发生在质权成立之后。质押合同的签订并非基于对承诺鉴证书的信赖和存在。因此，花园路营业部也不违反保证不得将出质账户重复质押的义务。

由于当事人设定的质押物是处于回购状态下的国债，其债券市值实际上是不确定的，只能等待购回后才能依据国债实物券确定市值。深圳盛力公司在国债回购到期时没有资金把国债购回，按照交易规则，结算公司必将强行平仓。此项交易与花园路证券营业部无关。光大银行作为专业的金融机构，明知处于回购状态的国债质押账户存在着潜在风险，仍接受带有瑕疵、权利不完整的质押物，《担保法解释》第九十条关于"质物有隐蔽瑕疵造成质权人其他财产损害的，应由出质人承担赔偿责任。但是，质权人在质物移交时明知质物有瑕疵而予以接受的除外"之规定，光大银行郑州分行应当对因质押物价值的减少所形成的损失自行承担责任。

3. 关于融资质押合同纠纷的启示

这是一起典型的融资质押合同纠纷案，其中的质权人是专业的商业银行，而对手是普通的商贸公司。然而，在权利博弈中，专业机关输给了普通的商业对手。通过对这起案例的总结，可以得到这样的启示：

第一，合同关系一定要确定清楚、明确，其内容、条款的含义，指向的对象、目标，不能有丝毫马虎。事后再加以解释，可能会产生很大的争议，因为各方所站立场不同，不会像在签订合同之初，金融机构的优势地位很明显，一旦款项贷出，银行的优势就会逐步丧失，进而形成劣势。

第二，金融机构签发票据、贷出资金，其第一位的责任是控制风险。即使该合同没有签订，所损失的也只是谈判的费用，而如果放弃了风险控制，那么，损失的可能是本金和利息，绝不可能仅仅损失一点利润。

第三，接受抵押、质押，必须核实标的物的真实性，且应当办理法定登记。本案的质押，严格讲只是一种当事人约定的质押，非法律意义上的法定质押，既没有办理登记，也没有向上海证券登记结算公司核实，只是由券商出具一个不负担保责任的鉴证，似乎过于随意。

第四，由券商出具鉴证书，却按照合同性质约定具有过错时券商才承担过错责任，这与担保责任大相径庭，不能推论出当事人之间约定了只要出现风险券商就要承担责任的结论，故在本案中券商及其营业部是无须承担民事责任的。

（四）相关法条及司法解释

《中华人民共和国民法典》

第四百六十六条 当事人对合同条款的理解有争议的，应当依据本法第一百四十二条第一款的规定，确定争议条款的含义。

合同文本采用两种以上文字订立并约定具有同等效力的，对各文本使用的词句推定具有相同含义。各文本使用的词句不一致的，应当根据合同的相关条款、性质、目的以及诚信原则等予以解释。

第五百二十七条 应当先履行债务的当事人，有确切证据证明对方有下列情形之一的，可以中止履行：

（一）经营状况严重恶化；

（二）转移财产、抽逃资金，以逃避债务；

（三）丧失商业信誉；

（四）有丧失或者可能丧失履行债务能力的其他情形。

当事人没有确切证据中止履行的，应当承担违约责任。

《中华人民共和国证券法》（2019 年修订）

第一百五十一条 证券登记结算机构应当向证券发行人提供证券持有人名册及有关资料。

证券登记结算机构应当根据证券登记结算的结果，确认证券持有人持有证券的事实，提供证券持有人登记资料。

证券登记结算机构应当保证证券持有人名册和登记过户记录真实、准确、完整，不得隐匿、伪造、篡改或者毁损。

第十五章　客户交易结算资金纠纷

一、客户交易结算资金纠纷概述

客户交易结算资金，是指证券投资者（客户）在委托证券公司买卖证券时，事先在该处存放的用于买卖证券的资金。根据中国证监会《客户交易结算资金管理办法》的规定，客户交易结算资金包括客户为保证足额交收而存入的资金，出售有价证券所得到的所有款项（减去经纪佣金和其他正当费用），持有价证券所获得的股息、现金股利、债权利息，上述资金获得的利息，以及证监会认定的其他资金。

根据《证券法》的规定，证券公司客户的交易结算资金应当存放在商业银行，以每个客户的名义单独立户管理。证券公司不得将客户的交易结算资金和证券归入其自有财产。禁止任何单位或者个人以任何形式挪用客户的交易结算资金和证券。证券公司破产或者清算时，客户的交易结算资金和证券不属于其破产财产或者清算财产。非因客户本身的债务或者法律规定的其他情形，不得查封、冻结、扣划或者强制执行客户的交易结算资金和证券。

围绕客户交易结算资金产生的纠纷主要是因证券公司挪用客户交易结算资金而形成的违约之诉或者侵权之诉；有合同关系的，根据《民事诉讼法》第二十四条规定，适用被告住所地或者合同履行地人民法院管辖。属于侵权纠纷的，根据《民事诉讼法》第二十九条规定，由被告住所地、侵权行为发生地或侵权结果地法院管辖。

二、证券公司依规办理交易，不对客户账户资金变动承担责任

证券营业部按规定为客户办理指定交易和撤销指定交易后，客户证券账

户内的国债资金出现了变现并被用资人使用的结果，与证券营业部无关。中国人寿保险公司成都分公司诉华隆公司等证券侵权纠纷案的判决就体现了这一观点。

（一）典型案例

☞ **中国人寿保险公司成都分公司诉华隆公司等证券侵权纠纷案**[1]

【关键词】证券侵权纠纷　国债　委托证券交易

│**基本案情**│上诉人（原审原告）：中国人寿保险公司成都分公司，负责人：青德蓉；上诉人（原审第三人）：大鹏证券有限责任公司成都锣锅巷证券营业部，负责人：江兴杰；原审被告：四川省华隆投资顾问有限公司，法定代表人：邓勇；原审第三人：大鹏证券有限责任公司重庆陕西路证券交易营业部，负责人：钟键。

上诉人中国人寿保险公司成都分公司（以下简称中保人寿）、上诉人大鹏证券有限责任公司成都锣锅巷证券营业部（以下简称成都大鹏）为与原审被告四川省华隆投资顾问有限责任公司（以下简称华隆公司）及原审第三人大鹏证券有限责任公司重庆陕西路证券交易营业部（以下简称重庆大鹏）证券侵权纠纷一案，不服四川省高级人民法院（2003）川民初字第22号民事判决，向最高人民法院提起上诉。

1999年3月22日，中保人寿派其工作人员向华在成都大鹏办理了委托、指定交易手续。1999年4月1日，中保人寿撤销了B880217601账户在成都大鹏的指定交易。1999年7月26日，中保人寿通过转账将4000万元资金划至成都大鹏。1999年7月29日至1999年8月2日，成都大鹏用617账户将4000万元全部用于申购了000896国债。1999年8月10日，中保人寿申请撤销上海A股791293账户。成都大鹏将617账户予以撤销。同日，617账户被华隆公司指定到了厦门证券有限公司成都星辉路证券营业部（以下简称厦门证券）。

1999年8月13日，雷少成在厦门证券办理了指定交易。

1999年8月15日，华隆公司向厦门证券出具承诺书，同意将公司证券作为

----

〔1〕 一审（2003）川民初字第22号；二审（2004）民二终字第137号。

子账户，并承诺承担一切相关民事与法律责任。该事宜特委托该公司邓勇先生代为办理。此后，雷少成即将617账户上的000896国债全部卖掉，并将资金用于自己账户股票交易。2000年3月14日，华隆公司将雷少成账户上的代码为0682股票525520手转托管到了华夏证券马家花园证券营业部（以下简称华夏证券）。从1999年至2001年，陆续三年分别从厦门证券雷少成账户和华夏证券陈道普账户转入中保人寿在成都大鹏791293账户6137520元共三笔总计18 412 560元，并由中保人寿将款项转回公司。1999年8月24日及1999年12月24日，从厦门证券雷少成账户分别转账208万元、280万元入中保人寿在成都市建一支行人南分理处账户。

1999年10月17日，中保人寿与重庆大鹏签订《资产委托管理协议书》，约定由中保人寿委托重庆大鹏对其代码为000896的国债共计71700手进行委托管理服务。中保人寿应于本协议签订之后五个工作日之内将可流通国债授权交由重庆大鹏管理；管理期限为自中保人寿将可流通证券授权并交由重庆大鹏管理之日起至2003年10月30日止；中保人寿一次性付给重庆大鹏国债收益488万元，在1999年12月31日前付清。中保人寿及重庆大鹏在该协议上盖章，重庆大鹏总经理张志勇在该协议上签字。

2002年3月，重庆大鹏向中保人寿出具承诺书，同意提前一年终止《国债委托管理合同》。重庆大鹏在该承诺书上盖章。由于中保人寿未收到2002年国债利息，发现成都大鹏未曾为自己B880217601账户购买4000万元的国债，遂诉至四川省高级人民法院。

另查明，张志勇于2001年2月23日被大鹏证券有限责任公司免去重庆大鹏总经理职务。于2002年1月被重庆市公安局依法逮捕，现羁押于重庆市看守所。

| 裁判结果 | 一审法院判决：（1）华隆公司在该判决生效之日起十日内返还中保人寿37 831 111.11元及其相应利息（按中国人民银行关于一年期流动资金存款利率的有关规定从2002年1月1日计至付清之日止）；（2）成都大鹏对上述37 831 111.11元及利息承担90%的补充赔偿责任；本案案件受理费252010元，由华隆公司承担126005元，第三人成都大鹏承担75603元，第三人重庆大鹏承担25201元，中保人寿承担25201元。

成都大鹏不服四川省高级人民法院上述民事判决，向最高人民法院提起上诉。

二审法院判决：（1）维持四川省高级人民法院（2003）川民初字第22号民

事判决书主文第一项；（2）撤销上述民事判决主文第二项；（3）驳回中国人寿保险公司成都分公司对大鹏证券有限责任公司成都锣锅巷证券营业部的诉讼请求；（4）驳回中国人寿保险公司成都分公司对大鹏证券有限责任公司重庆陕西路证券交易营业部的诉讼请求；

本案一审案件受理费252010元，由四川省华隆投资顾问有限公司承担126005元，中国人寿保险公司成都分公司承担126005元。二审案件受理费252010元，由中国人寿保险公司成都分公司承担。本判决为终审判决。

｜裁判理由｜ 二审法院审理认为，本案主要争议的是000896国债买在了华隆公司的617证券账户上是不是中保人寿的意思表示。中保人寿认为617不是自己的上海证券账户，自己的上海证券账户是B880217601，中保人寿没有同意用自己的钱款为华隆公司购买国债。而成都大鹏则认为，根据上海证券交易所的规定，中保人寿不能同时在成都大鹏使用自己的B880217601证券账户购买000896国债，这种情况下中保人寿必须借用他人已经指定在成都大鹏的上海证券账户。下挂他人的证券账户购买国债后再撤销该证券账户的指定交易，将国债的处分权交给对方的操作方式，是当时进行资金拆借或委托理财的一种较为普遍的做法。张志勇的笔录和陈浩文的意见函等均反映出本案并非仅仅是购买国债，实际上是通过购买国债来完成将资金交付给邓勇炒股，中保人寿从中取得比单纯购买国债更高的收益。原审判决认定中保人寿申请加挂617账户，符合本案实际情况。

撤销证券账户的指定交易意味着可能放弃对一个证券账户及所购证券的控制，中保人寿作为一个管理制度严格的金融机构，其拿回公司存档的"客户联"应当是经过交易对方签字和盖章的一联，而且"客户联"上有证券公司人员签字的三个档目；同时，空白《撤销指定交易申请表》任何一个客户都是容易取得的，因此应当认定中保人寿向法庭出示的"客户联"缺乏客观性，同时应当推定中保人寿持有经成都大鹏人员签字的"客户联"。

根据《最高人民法院关于民事诉讼证据的若干规定》第七十五条的规定："有证据证明一方当事人持有证据无正当理由拒不提供，如果对方当事人主张该证据的内容不利于证据持有人，可以推定该主张成立。"因此，本院推定中保人寿所持有的、真实的"客户联"上同样也写有"617"内容。成都大鹏操作撤销"617"指定交易的行为符合中保人寿的利益，不能认定违背了中保人寿的意思表示。填写、递交该申请表的目的是撤销已经完成以中保人寿的资金购买国债后的"617"证券账户在成都大鹏的指定交易。成都大鹏为中保

人寿办理撤销 "617" 账户指定交易的行为，与中保人寿 4000 万元国债损失之间并无因果关系。

此外，重庆大鹏与中保人寿签订资产委托管理协议书时中保人寿在成都大鹏的国债早已被华隆公司指定到了厦门证券并被变卖，中保人寿自始未将协议书中所约定的 000896 国债实际交付给重庆大鹏，且 488 万元高额收益也并非重庆大鹏直接支付，亦没有证据证明系他人代重庆大鹏支付，故该份协议书应认定为并未实际履行。2002 年 3 月重庆大鹏向中保人寿出具承诺书时，中保人寿的资金亦早已被华隆公司所占用，故该承诺书与中保人寿的经济损失之间亦并无直接因果关系，重庆大鹏对中保人寿的损失不应承担责任。

综上，成都大鹏关于其不构成侵权的上诉理由成立，二审法院予以支持。

（二）裁判旨要

证券营业部按规定为客户办理指定交易和撤销指定交易后，客户证券账户内的国债资金出现了变现并被用资人使用的结果，应认定其符合客户意图，与证券营业部办理指定交易或撤销指定交易的行为不存在必然因果关系。

（三）律师评析

1. 关于真实意思表示的认定，要结合当事人具体行为和相关法规

意思表示是法律行为不可或缺的基本要素，意思表示成立生效与否，直接影响法律行为的成立和效力。

本案主要争议的是 000896 国债买在了华隆公司的 617 证券账户上是不是中保人寿的意思表示。成都大鹏认为，投资人以自己资金为他人的证券账户购买证券属普遍现象，成都大鹏是根据中保人寿的具体指令将华隆公司的 617 证券账户下挂到中保人寿在成都大鹏开设的 791293 资金账户之下的，下挂证券账户的含义就是资金账户所有人允许下挂的证券账户使用其资金，而此后中保人寿又用只有其自己才掌握的交易密码，并且在明确选择或直接输入 "617" 号码后购买了国债，随后又申请撤销了 617 证券账户在成都大鹏的指定交易，使华隆公司能够在其他证券公司处分该笔国债。下挂他人的证券账户购买国债后再撤销该证券账户的指定交易，将国债的处分权交给对方的操作方式，是当时进行资金拆借或委托理财的一种较为普遍的做法。

张志勇的笔录和陈浩文的意见函以及 2000 多万元利息、收益的支付金额及来源，均反映出本案并非仅仅是购买国债，实际上是通过购买国债来完成将资金交付给邓勇炒股，中保人寿从中取得比单纯购买国债更高的收益。4000 万元 000896 国债买在华隆公司的 617 证券账户上是不是中保人寿的真实意思表示，直接涉及对 1999 年 7 月 28 日《交易账户增加申请书》及同年 8 月 10 日《撤销指定交易申请表》等证据的恰当认定。

由于中保人寿已经取得确认价值 4000 万元的 000896 国债已经成交的《上海证券中央登记结算公司成都棉麻股东交易三联单》，表明其已经确知其委托成都大鹏购买的 4000 万元国债已经实际成交，这又说明中保人寿客观上已经实际使用了他人的上海 A 股账户。而中保人寿确认该申请书上公章的真实性，但对其 B880217601 上海 A 股账户已经被指定到其他证券公司期间，在不使用他人上海 A 股账户的情况下，如何能够委托成都大鹏购买到 4000 万元 000896 国债不能作出合理的解释，事实上这也不符合证券买卖的基本规则。因此，应当认定中保人寿作出了在其 791293 资金账户之下增加 617 上海证券账户的意思表示。

2. 在资金账户下挂他人证券账户是否违法不影响民事案件审理

至于在资金账户下挂他人证券账户是否违法，属于应当由证券监管机构处理的行政法律范畴的问题。对于本案而言，这一问题并不影响中保人寿与成都大鹏之间根据委托指定交易协议、撤销指定交易申请确认民事责任的承担，不属于本案考虑的问题。

在本案中，中保人寿与成都大鹏通过签订《证券交易委托协议书》建立了委托代理法律关系，中保人寿依法应当对委托成都大鹏实施的行为承担民事责任。

（四）相关法条及司法解释

《中华人民共和国证券法》（2019 年修订）

第一百二十八条 证券公司应当建立健全内部控制制度，采取有效隔离措施，防范公司与客户之间、不同客户之间的利益冲突。

证券公司必须将其证券经纪业务、证券承销业务、证券自营业务、证券做市业务和证券资产管理业务分开办理，不得混合操作。

第一百三十三条 证券公司接受证券买卖的委托，应当根据委托书载明的证券名称、买卖数量、出价方式、价格幅度等，按照交易规则代理买卖证券，如实进行交易记录；买卖成交后，应当按照规定制作买卖成交报告单交付客户。

证券交易中确认交易行为及其交易结果的对账单必须真实，保证账面证券余额与实际持有的证券相一致。

后　记

　　2018 年在康达三十周年的庆典时，我就萌发了一个想法，邀请康达的同人们，就经典的案例，进行分析和解读，整理一套解读司法观点的丛书。一来可以进行执业经验总结，培养和提升律师和团队的专业化水平。二来可以解答很多当事人的疑惑；同时也给后来的法律人提供借鉴。鉴于证券市场争议解决的纠纷逐年增加，加之康达同人有证券法律方面的创作，我们在学习同人成果基础上，选择由案例入手，解读司法观点。囿于繁杂的事务和碎片化的时间，前前后后花了三年时间，断断续续地写作一直没有成稿。2020 年新冠肺炎疫情期间，我们在原来研究的基础上，和团队的小伙伴分工合作，前后花了几个月时间，几易其稿，终于成书。所以本书也是抗击疫情的一个意外收获。为了更好地打磨书稿，我们又根据出版社编辑要求和提示，反复修订。特别是庞从容老师，对于我们的选题和有关写作问题，提出了极为重要和宝贵的意见，目的是提高质量，不要浪费广大读者的宝贵时间，让读者读有所获！应当说，参与本书写作的小伙伴们都尽了力！在本书的写作过程中，得到了康达付洋主席的指导，并对如何入选康达文库作了指示，康达元老李磊律师自始至终都关心指导，乔佳平主任等所领导非常关心，领导们的关怀给予我们巨大的动力，也鞭策我们更加认真，决心要把系列丛书编下去。

　　因为时值新旧法律交替期间，在引用案例和原判决时，我们尊重判意，继续沿用当时的法律条款，在"相关法条及司法解释"部分，我们链接的是新的法律条款，为避免给读者引起混乱和歧义，特此说明。

　　感谢团队小伙伴们的尽情付出，他们分别是：赵玉来参与编写第一、二、三章，王敏参与编写第一、四、五章，熊梦颖编写第十一、十二章，张依伦参与编写第二、三、四章，赵正阳编写第五、六章，李聿钊编写第七、八、九、十章，冯丹阳编写第二章，解珏编写第十三、十四、十五章，唐弘易编写第十

一、十二章。还要感谢我们团队的行政秘书刘岩同志，为我们的丛书出版提供保障服务。

在初步战胜疫情之际，提交书稿出版，确实是一个不小的收获，但愿本书能给读者有所启示和启发。是为后记。

2021 年 4 月于北京市康达律师事务所